ANTHONY MARTIN

ASTRALPROJEKTION

SPHINX POCKET 21

ANTHONY MARTIN

ASTRALPROJEKTION

REISEN OHNE KÖRPER

SPHINX VERLAG BASEL

Aus dem Englischen
von Susanne G. Seiler

CIP-Kurztitelaufnahme der Deutschen Bibliothek

Martin, Anthony:
Astralprojektion: Reisen ohne Körper /
Anthony Martin. [Aus d. Engl. von Susanne G.
Seiler]. — Basel : Sphinx-Verlag, 1983.
(Sphinx pocket ; 21)
Einheitssacht.: The theory and practice ‹ dt.›
ISBN 3-85914-321-2
NE: GT

1983

Originaltitel: The Theory And Practice
Of Astral Projection
Umschlagbild: Graham Lester
Gestaltung: Charles Huguenin
Gesamtherstellung: Fuldaer Verlagsanstalt
Printed in Germany
ISBN 3-85914-321-2

Inhalt

Vorwort

In einem Schreiben an die Kirche Christi in Korinth spricht der Heilige Paulus von einem Mann, den der Apostel persönlich kannte und den man «im dritten Himmel vorfand», doch vermochte Paulus nicht zu sagen, ob ihm diese mystische Erfahrung «im Körper» oder «ausserhalb des Körpers» zuteil wurde.

Der Bericht des Heiligen Paulus (Korinther 2, 12:2) hält es für selbstverständlich, dass solche Dinge möglich sind.

Es war kein Traum, keine Halluzination: der Körper konnte in einem sehr wirklichen Sinn verlassen werden. Die Worte des Heiligen Paulus sind nicht immer eindeutig. An anderer Stelle sagt er: «Es gibt einen natürlichen Körper und es gibt einen geistigen Körper», was heissen kann, dass es einen physischen und einen «Astralkörper» gibt oder aber, dass es einen «Astral»körper und eine Seele gibt. Eines ist jedoch sicher: Die Erfahrung, die der Heilige Paulus beschrieb, war für ihn unwidersprüchlich echt.

Dazu ist es und war es schon immer eine erstaunlich häufige Erfahrung. Es scheint den verschiedensten Leuten immer wieder zu passieren; und nicht nur religiösen und offensichtlich «sensitiven» Leuten. Dieses Gefühl, um es für den Augenblick nicht mehr zu nennen, vom eigenen Körper getrennt zu sein, kann nicht länger glattwegs als reine Fantasie oder Einbildung abgetan werden, und auch wenn in manchen Fällen das Erlebnis zweifellos einer Halluzination zu verdanken ist (wobei es in anderen unvollständig erinnertes

Träumen einer besonders lebhaften Art ist), scheint nun das Beweismaterial auf überwältigende Weise für eine noch viel bedeutungsschwangere (und tatsächlich logische) Alternative zu sprechen: dass es möglich ist, den physischen Körper in einem zweiten Körper zu verlassen und dennoch volles Bewusstsein und Gefühl beizubehalten; *sich selbst* zu sein und dennoch völlig vom physischen Organismus abgeschnitten. Wie der Heilige Paulus sagt: «Ausserhalb des Körpers.»

Der Zug des physischen Körpers

Es mag für manche Menschen nicht nur schwer, sondern fast unmöglich sein, sich das Bewusstsein als ausserhalb des menschlichen Körpers stattfindend vorzustellen. Wir pflegen unseren Körper, verwöhnen ihn und machen uns ständig Sorgen über seine Gesundheit und sein Wohlbefinden. Er ist der unweigerliche Mittelpunkt unseres täglichen Lebens, so dass das Wort «Tragödie» seine ursprüngliche Assoziation mit einer *spirituellen* Katastrophe verloren hat und heute im allgemeinen mit *physischem* Unglück in Verbindung gebracht wird, vor allem mit Tod und Unfall.

Dank dieser Einstellung ist es für uns nur allzu leicht zu glauben, dass der physische Körper, geführt vom Gehirn und durch eine Myriade wunderbarer chemischer Reaktionen die Summe unseres Wesens ausmacht, auch wenn dies mancherlei einschliesst, das wir unfassbar finden und bei unserem gegenwärtigen Wissensstand keinen spezifischen physischen Ursachen, wie zum Beispiel dem Gedächtnis, zuordnen können.

So ist es uns also möglich zu glauben, dass alles, was wir sind, durch diese Hülle von Fleisch, Blut, Knochen und Nervenenden definiert wird. Wie leicht ist es für uns, in den Spiegel zu schauen und davon überzeugt zu sein, dass der Körper, den wir sehen, sowie das Bewusstsein, das seine Funktionen überwacht und führt, irgendwie unzertrennlich miteinander verbunden sind, und dass das eine ohne das andere nicht denkbar wäre. Wie einfach ist es auch, den nächsten logischen Schritt zu vollziehen und diese materialistische Reduktion als Argument gegen das Überleben des physischen Todes zu gebrauchen. Ist es wirklich möglich, dass der Intellekt, die Vernunft, die Fantasie, das Urteilsvermögen, das Gedächtnis und die Wahrnehmung sowie alle anderen Funktionen unseres Bewusstseins in einer reinen Form unabhängig vom Körper existieren können?

Allem Anschein nach ist die Antwort hierauf «ja»: dies ist nicht nur möglich, sondern gewöhnlich für die einen, während für viele andere Menschen die Trennung des Bewusstseins vom physischen Körper einen vorübergehenden und eher erschreckenden Unfall darstellt.

Der religiöse Impuls

Die Abneigung gegen den Glauben an «Erfahrungen ausserhalb des Körpers» ist zu einem grossen Teil auf die Geschichte zurückzuführen. Es ist eine relativ neue Entwicklung. Doch der alte und universelle Glaube an die grundsätzliche Trennung von Körper und Seele scheint durch diese Erfahrungen gerechtfertigt und hat manchen Menschen wieder einen starken Sinn für den spirituellen Aspekt des Lebens und jenes wichtige Verständnis für Bedeutung und Wichtigkeit verliehen, das ein alles durchdringender Materialismus zu überwältigen schien.

Der Skeptiker mag einwenden, dass der «religiöse» Impuls, worunter ich jedes Geltendmachen von nicht-körperlichen Wirklichkeiten verstehe, eigentlich nichts als eine Eigenart unserer psychologischen Natur ist und dass man sagen kann, wir bräuchten diesen Glauben, wie der Körper gewisse Vitamine und Mineralien braucht, um gut zu funktionieren. Man könnte sagen, dass das Gehirn für den Verlust an Glauben kompensiert, indem es Erfahrungen erfindet oder sich einbildet, die das objektive Vorhandensein einer höheren Wirklichkeit «beweisen». Man könnte mit einiger Richtigkeit darauf hinweisen, dass das Aufkommen des Materialismus und der Technologie im neunzehnten Jahrhundert und die daraus folgende Verminderung des religiösen Impulses mit einer Neubelebung des Interesses an allen Aspekten des Okkulten — dem Surrealismus in der Kunst, Horrorgeschichten, geheimen magischen Gesellschaften und Spiritualismus — zusammentrifft.

Solch kompensatorische Mechanismen gibt es zweifellos: die Verneinung eines wichtigen Drangs muss Folgen haben, und die Leugnung von spirituellen Zielen — das schiere Ausrotten eines Glaubens an eine nicht-physische Wirklichkeit — könnte tatsächlich eigenartige und bis anhin unbekannte Wirkungen auf die menschliche Psyche zeitigen.

Schliesslich ist es erst ein paar wenige Jahrhunderte her, seit die Religion das Leben beinahe jedes Menschen in Westeuropa durchdrang und einerseits die Zierde der mittelalterlichen Kathedralen, andererseits die Greuel der Hexenverfolgungen hervorbrachte. Das Auftreten der Religion hat über eine relativ kurze Zeitspanne stattgefunden, und es ist möglich, dass dies zu einer Art kollektivem Trauma oder verspäteter Reaktion geführt hat.

Doch haben in ungefähr den letzten achtzig Jahren intensive Erforschungen psychischer Phänomene viele Zeugnisse für die Wirklichkeit von aussersinnlichen Erfahrungen erbracht, die, zusammen mit einer historischen Studie ähnlicher Vorkommnisse, unwiderruflich zur Schlussfolgerung führen, dass Erfahrungen ausserhalb des Körpers, um nur einen Bereich des sogenannten Paranormalen zu nehmen, weder in jedem Fall halluzinatorisch, noch die Kompensierungen eines frustrierten psychologischen Bedürfnisses sind. Die ausgewogene Folgerung scheint zu sein, dass es sie *gibt,* dass sie *echt* und *normal* sind.

Diese Aussage hat natürlich weitreichende Folgen, weil die Wahrscheinlichkeit eines Lebens nach dem Tode um ein Vielfaches grösser wird, wenn das objektive Existieren von Erfahrungen ausserhalb des Körpers einmal festgelegt worden ist.

Ich habe in dieser kurzen Übersicht versucht, den theoretischen Hintergrund der Astralprojektion kurz zu schildern, sowohl was das allgemeine Konzept der okkulten Anatomie des Menschen angeht wie auch um manche der vielen Techniken zu beschreiben, die erfolgreich eingesetzt worden sind, um den Astralkörper freizusetzen und somit das Bewusstsein von seiner Hülle aus Fleisch und Blut zu trennen.

Die Literatur über Astralprojektion und verwandte Themen ist enorm, und die von mir hauptsächlich benutzten Quellen sind in den Anmerkungen und der Bibliografie angegeben worden. Auch kann ein Büchlein dieses Umfangs nicht behaupten, umfassend zu sein. Ich hoffe nur, dass diese einleitenden Gedanken die weitere Erkundung eines Themas fördert, das so faszinierend wie wichtig ist und vielleicht jenem mächtigen, unbewussten Drang, sich jenseits des Körpers zu bewegen, Vorschub leistet.

Die Theorie der Astralprojektion

Im Jahre 1886 veröffentlichte die Gesellschaft für Psychische Forschung eine über tausenddreihundert Seiten lange, wegbereitende Umfrage, *Phantasms of the Living* (Gesichte der Lebenden). Man hatte Fälle von spontan auftretenden psychischen Phänomenen sammeln und untersuchen wollen, um sie einer unvoreingenommenen wissenschaftlichen Überprüfung zu unterziehen. Bei vielen Fällen, die einer der Autoren, F. W. H. Myers, an anderer Stelle «supernormale» Begebenheiten genannt hat, handelt es sich um Telepathie (die heute in wissenschaftlichen Kreisen fast schon anerkannt ist), also des Einfluss eines Gehirns auf ein anderes. Man machte die Telepathie sogar für sogenannte Krisenerscheinungen verantwortlich, in denen eine Person eine andere (die sie meist kennt) sieht oder hört, kurz bevor oder wenn diese gerade eine akute persönliche Krise durchmacht — oft sogar den Tod selbst.

Die Geist-zu-Geist-Theorie ist attraktiv und muss Ursache mancher «übernatürlicher» Vorkommnisse sein (auch wenn dies allein als Hinweis auf die Fähigkeiten des Gehirns schon beachtlich ist). Doch bleibt ein Rest an Erfahrungen übrig, die durch Telepathie nicht zufriedenstellend geklärt werden. Zum Beispiel die Literatur über «todesnahe» Erfahrungen ist mittlerweile recht umfangreich.

George Ritchie

Ein typischer Fall ist der im *Observer Magazine* vom 8. April 1979 berichtete. Im Dezember des Jahres 1943 war ein zwanzigjähriger Soldat, George Ritchie, infolge einer akuten doppelten Lungenentzündung vor einem Röntgenapparat im Armeehospital von Abilene, Texas, zusammengebrochen. Später «starb» er: man sah keinen Atem, fand keinen Puls und keinen Blutdruck. Als sein Körper für das Leichenschauhaus vorbereitet wurde, glaubte ein Krankenpfleger, er hätte eine von Ritchies Händen sich bewegen sehen. Sofort rief er den Arzt herbei, der den Patienten nochmals für tot befand. Trotzdem wurde beschlossen, Adrenalin direkt in das Herz des Toten zu spritzen, und dieses fing darauf zum grossen Erstaunen aller Anwesenden wieder zu klopfen an.

Als George Ritchie wieder bei Bewusstsein war, hatte er eine unglaubliche Geschichte zu erzählen. Als sein Körper auf dem Krankenhausschragen lag, mit einem Leintuch über dem Gesicht, hatte Ritchie neben dem Bett gestanden und alles gesehen, behauptete er. Er erzählte auch, wie er über grosse Flächen der Vereinigten Staaten gereist war, doch war die Beobachtung dessen, was mit seinem Körper geschah, das Wichtigste.

Wie er auf seinen Körper hinuntersah, veränderte sich das Licht und wurde heller, und eine Gestalt trat in das Zimmer und mit ihr eine andere Erfahrung von Raum und Zeit, so, dass Ritchie sich von einem lebendigen Panorama aller Geschehnisse seines Lebens umgeben sah, alles völlig deutlich und in allen Einzelheiten. Das Eintreten der Leuchtgestalt löste eine noch weiter reichende Reise aus, von der er zum Schmerz in seinen Lungen und hohem Fieber zurückkehrte, als das Adrenalin sein Herz erneut in Bewegung katapultierte.[1]

Dr. Michael Saborn, Assistenzprofessor für Kardiologie in Atlanta, Georgia, hat verschiedene Fachschriften über sogenannte «todesnahe» Erfahrungen veröffentlicht, und manche seiner allgemeinen Folgerungen sind es wert, zitiert zu werden. Von den von Dr. Saborn interviewten Patienten «erfuhren neunundzwanzig während der Bewusstlosigkeit Amnesie, während achtunddreissig eine todesnahe Erfahrung erlebten; achtzehn erlebten das Hinüberwechseln des Bewusstseins in eine andere Dimension (Transzendenz), elf sahen ihren Körper und seine physische Umgebung von einer losgelösten Höhe aus (Autoskopie), und neun erlebten sowohl Autoskopie wie auch Transzendenz...» Dr. Saborn folgerte:

> Bei den meisten Patienten, die eine todesnahe Erfahrung machten, erfolgte eine deutliche Abnahme der Todesangst... Auch wenn es für diese Phänomene keine ausreichende Erklärung gibt, brauchen wir weitere Untersuchungen über Ursache und Folgen dieser Erfahrungen.[2]

J. G. Bennett

Eine besonders lebhafte Schilderung einer todesnahen Erfahrung ist die von J. G. Bennett in seiner Autobiografie *Witness*. Während des ersten Weltkrieges fuhr Bennett genau in dem Augenblick auf einem Motorrad durch Monchy-le-Preux, als dort die Deutschen einmarschierten. Er erinnerte sich daran, sich selbst gesagt zu haben: «Wenn ich durch Monchy hindurchkomme, habe ich's geschafft.» Seine nächste Erinnerung war die des Aufwachens, «nicht innerhalb, sondern ausserhalb meines Körpers»:

> Ich wusste, dass ich nicht tot war. Ich konnte nichts sehen und hören, und doch nahm ich meinen Körper wahr, der auf einem weissen Bett lag. Langsam wurde ich mir der Anwesenheit anderer Männer gewahr, und irgendwie sah ich, was sie sahen, und spürte sogar, was sie fühlten... In diesem Moment wurde mir völlig klar, dass tot sein etwas

anderes ist als sehr krank, schwach oder hilflos zu sein. Es gab für mich überhaupt keine Angst. Und ich bin nie ein tapferer Mann gewesen und hatte vor schwerem Beschuss sicher immer noch Angst. Ich war mir meiner totalen Gleichgültigkeit meinem Körper gegenüber bewusst.[3]

Und doch, wie Bennett bezeichnenderweise hinzufügte, war er nicht völlig von seinem Körper abgeschnitten. «Er» begleitete «ihn» in den Operationssaal, wonach er, von medizinischem Personal überwacht, sechs Tage im Koma lag. «Doch hörte ich eine Stimme sagen: ‹Feinen, bitte›, und eine Frauenstimme antwortete: ‹Wir haben nur noch groben.› Mehrere Tage später, als ich wieder bei Bewusstsein war und die Nähte aus meinem Kopf entfernt wurden, sagte die Schwester: ‹Ich frage mich, warum sie groben Faden genommen haben.› Ich antwortete: ‹Sie hatten keinen feinen mehr.› Sie schien überrascht: ‹Wie wollen Sie das denn wissen? Sie waren ja bewusstlos.›»

Bennett erlebte einige Jahre später auch eine unfreiwillige Trennung von seinem Körper. Er hatte sich G. I. Gurdjieff angeschlossen, in dessen Kreis es üblich war, während des Essens eine rituelle Lesung abzuhalten:

Plötzlich und ohne Vorwarnung befand ich mich mehrere Fuss von meinem Körper entfernt. Meine Stimme sprach immer noch, doch war es nicht länger «meine» Stimme, sondern die eines Fremden. Ich sagte mir: «Wie kann *der* denn lesen. Er wird den Text nicht richtig betonen können!» Ich konnte die anderen von einer ganz anderen Perspektive aus betrachten und fragte mich, ob irgend jemand anderes wusste, dass eine leere Hülle am Vorlesen war. Ich fragte mich, ob Gurdjieff es wusste, und im gleichen Augenblick schauten die Augen des Körpers auf und sahen ihn an, und ohne zu wissen wie war ich in meinen

Körper zurückgekehrt, und die Vorlesung ging weiter. Das Gefühl des Getrenntseins vom Körper dauerte noch mehrere Stunden, auch wenn ich in ihm blieb.[4]

Die Wissenschaft hat noch keine Theorie hervorgebracht, die diese Erfahrungen zufriedenstellend erklärt, wobei diese ganz eindeutig nicht einfach als Hirngespinste abgetan werden können. Doch existieren Theorien, die, obschon sie nicht experimentell überprüft werden können, einen Sinn zu ergeben scheinen, inmitten einer sonst verwirrenden Masse von Zeugnissen, von denen manche gänzlich unwillkürliche Körperaustritte beinhalten, die mit keinerlei Trauma in Verbindung gebracht werden können. Die beeindruckendste Sammlung solcher Körperaustritte ist die von Dr. Robert Crookall (siehe Bibliografie), auf die ich später zurückkommen werde.

Wenn wir also als Grundvoraussetzung annehmen, dass es dem Bewusstsein möglich ist, sich vom physischen Körper zu entfernen, wie ist dies dann aber zu bewerkstelligen, und in welcher Form findet Bewusstsein dann statt?

Kingslands Theorie

William Kingsland hat in seinem Buch *Rational Mysticism* klar Stellung für die Annahme bezogen, dass es innerhalb des Körpers noch einen zweiten, überphysischen Körper gibt, denn, wie Kingsland behauptet, ist es gegen jede Vernunft, sich das Bewusstsein als ohne irgendeinen Körper stattfindend vorzustellen. Ohne einen Körper oder ein Gefährt kann es in der Tat nichts solches wie individuelles Bewusstsein geben, denn ohne Körper, ohne abgrenzende Struktur, kann es keine Individualität, sondern nur Universalität geben:

Es ist ziemlich offensichtlich ..., dass wir, wollen wir an

irgendeine bewusste Wesenheit oder was auch immer für Wesen im Universum glauben, seien diese nun kosmischer oder beschränkterer Natur, die unabhängig von Materie oder Körpern existieren; oder wenn wir auch nur irgendwie an unser bewusstes Überdauern des physischen Todes glauben sollen, annehmen müssen, dass ein individuelles Überleben derartiger Wesenheiten oder Wesen eines substantiellen Vehikels oder eines Körpers bedarf, in welchem es Leben und Bewusstsein gibt, das tatsächlich existiert oder sich objektiv manifestiert.[5]

Kingsland, in einer wertvollen Erörterung der «Körper des Menschen», gibt dann zu bedenken, dass ein solches Gefährt nicht einfach wie ein Funke ins Leben springen kann, wenn der physische Körper stirbt: Es muss ihn schon gegeben haben, vollständig, im Hier und Jetzt. Tatsächlich kann er als das treibende Prinzip des physischen Systems angesehen werden, welches nicht einfach von physischer Nahrung lebt, sondern durch eben diesen belebenden Körper. Der Tod ist dann nicht die Desintegration des Leibes, sondern der endgültige Entzug dieses lebenswichtigen «ätherischen» Körpers.

Die Materialität des Astralkörpers

Dies ist die grundsätzliche Theorie des Doppels oder, wie wir es jetzt nennen können, des Astralkörpers. Das Wort «astral» kommt vom Griechischen *aster,* was «Stern» bedeutet, und für die Griechen war der Astralkörper eine Hülle aus einem «sternengleichen» Material, die die Seele bedeckte. (Er ist auch sideraler Körper genannt worden, vom Lateinischen *sidus,* «Stern».)

Es wird allgemein angenommen, dass der Astralkörper einen leuchtenden Glanz abgibt und aus einem superfeinen Material besteht, das eine sehr hohe Schwingungszahl aufweist. Er ist physisch und gleichzeitig ultra-physisch. Insofern er aus atomarer Materie besteht, hat man angenommen, dass es möglich sei, einige der messbaren Eigenschaften des Astralkörpers mit wissenschaftlichen Mitteln nachzuweisen. Dr. Duncan McDougall vom Massachusetts General Hospital behauptet, bei einer Anzahl Patienten im Moment des klinischen Todes eine wesentliche Gewichtsabnahme festgestellt zu haben, die dem Verlassen des Körpers durch den Astralkörper zugeschrieben werden kann. Dr. Zaalberg van Zelst hat in Holland auf ähnliche Resultate hingewiesen.

Wenig oder keine Arbeit ist auf diesem Gebiet mit Menschen unternommen worden, die einen Körperaustritt erlebten, obwohl eine Anmerkung in der Märzausgabe des *Journal of the Society for Psychical Research,* 1979, angibt, dass: «In den sechziger Jahren von John Cutton an einer stattlichen Anzahl von Studenten und anderen Mitgliedern der Gesellschaft eine lange Reihe von sorgfältigen und gut vorbereiteten Versuchen über Gewichtsverlust bei Sensitiven durchgeführt worden war, nach einem Vorschlag von Arthur Koestler, der dafür auch die Ausrüstung zur Verfügung gestellt hatte.»[6] Man fand jedoch nichts Wesentliches.

Der Wunsch, die materiellen Eigenschaften des Astralkörpers zu kennen, hat noch viel weiter geführt: Manche Forscher haben behauptet, dass man beim Todesmoment sehen kann, wie er den Körper verlässt. Medien und Sensitive aller Arten haben berichtet, dass sie solche Ausdünstungen wahrgenommen hätten — manchmal als formloser Dampf, manchmal als erkennbare menschliche Form. Eileen J. Garrett, berühmtes Medium und Hellseherin, sah «eine krause, schattige, graue Substanz» aus dem Körper ihrer toten Tochter aufsteigen. Die folgende Geschichte wird von Archie Matson in seinem Buch *The Waiting World* erzählt:

Die Krankenschwester versuchte, uns aus dem Zimmer zu drängen. Mein Vater und meine Schwester gingen hinaus, doch ich blieb. Darauf befahl der Arzt mir zu gehen. Ich hatte meine Tasche auf ein Bett auf der anderen Seite des Zimmers geworfen und wollte sie gerade holen gehen, als ich wieder ein starkes Gefühl hatte, das ich nicht leugnen konnte. Ich drehte mich um und sah Mutter an. Ihr Gesicht war ruhig, und aus ihr und über ihr, der Decke entgegen, floss ein heller, formloser Nebel — an manchen Stellen dichter als an anderen.

Lange hielt ich den Atem an, doch dann fragte ich den Arzt, nach einer Bestätigung suchend, ob er das auch sehen könne. Er sagte ja, doch sei dies nicht ungewöhnlich, es handle sich um «Gas, das den Körper verlässt.»[7]

Die Seele

Am Anfang einer jeden Diskussion über den Astralkörper muss man diesen grundsätzlich von der Seele unterscheiden. Sir James Frazer, Autor von *Der Goldene Zweig,* schrieb, dass «Menschen aller Stufen des Unwissens und der Bildung ganz allgemein glauben, dass ein Teil von ihnen nicht umkommt, wenn sie sterben». In diesem universellen und andauernden Glauben liegt der essentielle Unterschied zwischen der Seele und dem Astralkörper.

Dieser Unterschied ist ziemlich fundamental: Der Astralkörper hat einen Bezug zum physischen Körper und ist ein Aspekt der okkulten Theorie. Die Seele, hingegen, ist ein religiöses Konzept und unauflösbarer Bestandteil der Ewigkeit. Der Astralkörper steht in Zusammenhang mit Materialität, er wird vielleicht eines Tages sogar wissenschaftlich gewogen werden können. Und sogar wenn man über seine Beschaffenheit wenig weiss, sei dies nun theoretisch oder «okkult» (d. h. «versteckt»), ist er trotzdem ein Aspekt des physischen Wesens.

Die Seele ist jedoch völlig nicht-physisch. Sie weist keinerlei Bezug zur Materialität auf, und wir können über ihre Beschaffenheit nicht einmal annähernd spekulieren. Sie *ist,* und darin sieht man ihr Teilhaben an einer universellen Ganzheit, die manche Gott nennen. Der Astralkörper ist lediglich ein Doppel, aber von feinerer Natur als der physische Körper: ganz Individualität, in der er jedoch aufgeht, die Seele aber ist ein transzendentes Selbstbewusstsein, das gleichzeitig an einer unveränderlichen Ganzheit teilhat.

Sämtlicher akzeptierter Definitionen nach ist die Seele sowohl unsterblich wie auch unvergänglich. Der Astralkörper mag den physischen Körper zwar für eine Weile überleben, doch kommt auch er zu gegebener Zeit um. Es lohnt sich zu bedenken, dass, auch wenn die Religion bereit ist, Tieren einen Astralkörper zuzubilligen, sie doch davor zurückschreckt, ihnen das Privileg des Besitzes einer Seele einzuräumen.

Die okkulte Anatomie

Die Theosophie, diese von Colonel Olcott und Madame Blavatsky gegründete Bewegung, entwickelte eine komplette Theorie der okkulten Anatomie des Menschen. Gemäss den theosophischen Lehren gibt es nicht nur einen feinstofflichen Körper, sondern deren viele. A. E. Powell zum Beispiel beschreibt den Astralkörper, den mentalen Körper, den kausalen und den ätherischen Körper. Allgemein gesagt, besteht der theosophische Standpunkt darin, dass diese verschiedenen Körper nach dem Tode abgelegt werden und das Bewusstsein daraufhin in eine Reihe von «Ebenen» eintritt, versehen mit jeweils einer eigenen Form, in der es die spiralförmige Hierarchie hinaufsteigt.

Hereward Carrington verfasste eine Liste der Namen, unter denen das Doppel bekannt ist: der ätherische Körper, der mentale Körper, der spirituelle Körper, der Wunschkörper, der leuchtende Körper, der Körper der Auferstehung, der Lichtkörper, der Fantomkörper und natürlich auch der Astralkörper.[8] Es gibt viele Unterscheidungen, doch für unseren Zweck genügt der Ausdruck Astralkörper als Umschreibung der feinen, uns innewohnenden Form.

Es bestehen einige Meinungsverschiedenheiten über Definition und Nomenklatur, auch wenn alle diese Argumente irgendwie unwesentlich sind. Wichtig ist, dass einige Teile der Totalität unseres Wesens sich vom physischen Körper ablösen können. Wie wir das nun nennen wollen, spielt keine entscheidende Rolle. Was klar scheint ist, dass der Astralkörper mit Ralph Shirleys Worten «dem Bewusstsein so objektiv ist wie der physische Körper der physischen Welt». Mit anderen Worten ist der Astralkörper ein *Gefährt* wie der physische Körper, in welchem die höchste Bewusstseinsebene stattfindet, die wir die Seele nennen.

Gesamthaft gesehen sind die von Dr. Robert Crookall verwendeten Definitionen der okkulten Anatomie zu empfehlen. Laut ihm verfügt jeder Mensch über einen Körper wie auch über eine Seele. Dies sind die zwei Pole seines gesamten Körperbaus. Zusätzlich zu diesen gibt es einen feineren Körper — den Astralleib, der mit den astralen Ebenen in Verbindung gebracht wird. Zwischen dem physischen und dem Astralkörper besteht eine Atmosphäre oder Aura, dann ein «Zwischenraum» und letztlich die Astralatmosphäre. Die erste oder physische Atmosphäre nennt man auch das Gefährt der Lebenskraft und ist so zu verstehen wie der «Lebenshauch» der Bibel (Genesis 2:7 und 6:17). Dieser Hauch oder Atem ist von halbphysischer Natur, und seine Funktion besteht darin, eine Brücke zwischen dem physischen und dem Astral- oder Seelenkörper zu bilden. Das Gefährt der Lebenskraft wie auch der Astralkörper können freigesetzt werden, wobei eine Astralprojektion sowohl den einen wie auch den anderen oder aber beide Körper umfassen kann:

Manche Projektionen betreffen den Seelenkörper, andere stellen den Austritt eines Teils des Vitalkörpers dar; die meisten sind eine Kombination dieser beiden — der Seelenkörper begibt sich nach aussen, begleitet von einer Tinktur der Substanz des Vitalgefährts. Unter diesen Umständen ist der gesamte freigesetzte nicht-physische Körper vereinigt. In allen Fällen handelt es sich jedoch um ein Replikat des physischen Körpers, das oft das *Doppel* genannt wird.[9]

Die Beschaffenheit des Astralkörpers

Dr. Hereward Carrington, einer der führenden Forscher dieses Jahrhunderts auf dem Gebiet der Psyche, sah den Astralkörper als aus «Psychomeren» oder «psychischen Zentren» bestehend. In jeder Körperzelle, sagte er, gibt es einen Energiekern, eine unendliche kleine Konzentration von Kraft, die die physische Materie des Körpers belebt:

> Dieses Energiezentrum bildet eine Art physischer Punkt oder eine eigene psychische Zelle, die der Anzahl physischer Zellen im Körper entspricht. Natürlich gibt es Millionen dieser Zellen, die der Form des Körpers genau entsprechen, da sie den physischen Zellen des Körpers genau nachgebildet sind.[10]

Carrington berechnete auch die Dichte des Astralkörpers (oder ätherischen Doppels), die er als ein Millionstel des physischen Körpergewichts angibt. Deshalb würde dieser so leicht durch die physische Atmosphäre fliessen, wenn er «freigesetzt» würde. Diese Annahme scheint sich tatsächlich durch einige der bereits angeführten Zeugnisse bestätigt zu finden, wie auch durch diejenigen, die eine spontane Astralprojektion erfahren haben. Ein typisches Beispiel hierfür wird von Dr. Crookall zitiert:

Mein achtjähriger Sohn, der nie von solchen Dingen gehört hatte, war eines abends zu Bett gegangen, wo er liegend am Lesen war. Plötzlich rief er ziemlich dringend nach mir. Ich fand ihn aufrecht im Bett sitzend und ziemlich erschreckt. Er sagte: «Mir ist gerade etwas sehr Eigenartiges passiert. Ich lag im Bett und las, als ich plötzlich spürte, wie ich mich in die Luft erhob. Es schien, als würde ich zur Decke fliessen. Ich kam sanft wieder runter. Dann rief ich nach dir.»[11]

Die Silberschnur

Der Astralkörper fliesst nicht immer frei umher, in vielen Fällen kann er sich überhaupt nicht frei bewegen, weil er mit dem physischen Körper durch eine Art Schnur verbunden ist, die sich zwar über grosse Abstände dehnen kann, trotzdem aber eine allgegenwärtige Verbindung zum materiellen Körper darstellt. Viele Astralreisende bezeugen die Existenz dieser Schnur, die bereits in den frühesten bekannten Berichten vorkommt. Der klassische Hinweis dazu findet sich in der Bibel, Salomo 12:6.

Diese Schnur ist im wesentlichen eine Erweiterung des Astralkörpers, und ihre Verbindung mit dem Körper erlaubt letzterem ein Weiterführen der lebenswichtigen Prozesse; man könnte sie eigentlich Lebensschnur nennen, und sie ist oft mit der Nabelschnur verglichen worden, die den Lebensprozess des ungeborenen Kindes aufrechterhält. Das Durchtrennen der Astralschnur, ebenso wie das Abschneiden der Nabelschnur, verunmöglicht den Wiedereintritt in den Körper, und dies bedeutet, wie ein Astralreisender sagte, den Tod.

Nach übereinstimmenden Zeugenaussagen ist es eine leuchtende Schnur, wie ein Lichtstrahl. Ihre Dehnbarkeit ist oft erwähnt worden — ein Reisender erinnert sich an «den Zug der Schnur, wie wenn sie aus hartem Elastik wäre». Ihre

Funktion besteht darin, Vitalität vom astralen zum physischen Körper zu leiten — eine grössere Lebenskraft als blosse physische Nahrung. Dr. Crookall hat vorgeschlagen, dass die Schnur tatsächlich eine Vereinigung darstellt, d. h. sie ist sowohl eine Verlängerung des astralen wie auch des physischen Körpers. Im Augenblick des Todes zerreisst sie, und ein Teil von ihr fällt auf den physischen Körper zurück.

Ihr Verbindungspunkt mit dem physischen Körper scheint zu variieren. Manche sagen, dass der astrale und der physische Körper am Kopf miteinander verbunden sind, andere wieder haben die Schnur aus dem Rücken, den Schultern oder dem Bauchnabel kommen sehen. Die Schnur kann sich über grosse Distanzen ausdehnen. Am Anfang der Trennung ist sie etwa zehn Zentimeter dick, befinden sich dann die beiden Körper einige Meter voneinander entfernt, wird sie dünner, und bei grösseren Abständen wird sie gar noch schmäler, bis sie zu einem beinahe unsichtbaren Faden wird. Manche Projektoren streiten die Existenz einer solchen Schnur jedoch überhaupt ab, da sie sie als eine durch Panik hervorgerufene Halluzination empfinden, einer beruhigenden Illusion, die auf der symbolischen Kraft der Nabelschnur beruht. Doch sind die meisten Okkultisten nicht dieser Meinung.

Während des Körperaustritts leitet die Schnur lebenswichtige Energie an den reglosen Körper zurück. Wenn die zwei Körper sich in normaler Übereinstimmung befinden, wird die Schnur zu einem kleinen Knoten, der sich meistens irgendwo im Kopf befindet oder auch zwischen den Schulterblättern. Mit dem Reissen der Schnur — einer der grundsätzlichen Ängste bei der Astralprojektion — tritt der Tod des physischen Körpers ein. Vielleicht ist die Astralschnur Grundlage der Legende der griechischen Schicksalsgöttinnen, diesen drei Schwestern, die das Schicksal der Menschen auf einem Spinnrad spinnen und deren berühmteste Atropos ist, die den Lebensfaden mit ihrer Schere durchschneidet — vielleicht eine mythische Darstellung des Durchtrennens der Silberschnur.

Projektionserfahrungen

Die «natürliche» Art der Astralprojektion wird nicht durch Drogen, Narkosemittel oder bewusste Experimentation hervorgerufen. In spontanen Projektionen verlässt der Astralkörper den physischen meist durch den Kopf. Sylvan Muldoon zum Beispiel beschreibt ein «Gefühl, wie wenn das Bewusstsein einen durch den Kopf verlassen würde». Die ersten Projektionsgefühle sind verschieden, doch kann man auf einige Gemeinsamkeiten hinweisen. Viele Projektoren beschreiben ein Gefühl des Aufsteigens, manche jedoch erleben ein Gefühl des Fallens. Crookall schloss daraus, dass «bei den ersten das Bewusstsein im aufsteigenden ‹Doppel› stattfand, wobei es sich bei den zweiten im Körper selbst abspielte».[12]

Schwarz vor den Augen sehen

In dem Augenblick, wo sich das Doppel bildet, wird oft eine «Abwesenheit» des Bewusstseins erfahren. Dies wird oft als Eintritt in einen dunklen Tunnel wahrgenommen. Eine Theorie dazu meint, dass während der eigentlichen Trennung weder der physische noch der Astralkörper als Instrument des Bewusstseins zur Verfügung steht — daher dieser momentane Bruch im Bewusstsein, «genau wie es einen kurzen Unterbruch in der Übertragung gibt, wenn wir beim Autofahren einen anderen Gang einlegen».[13] Hierzu nochmals Muldoon: «Genau in dem Moment, wo der eigentliche Körper den physischen verlässt, verdunkelt sich das Bewusstsein für einen kurzen Augenblick und kehrt dann wieder zurück.»

Die Lichtspur

Die Bewegungen des Astralkörpers lassen oft eine Lichtspur hinter sich. Das französische Medium Yram bemerkte eine weisse, leuchtende Wolke hinter dem Doppel, während Muldoon sich an Lichtstreifen oder einen «Funkenregen» erinnert, der durch den Astralkörper abgeworfen wurde und bis etwa einen halben Meter hinter ihr verlief. Der einfallsreiche Crookall schlägt vor, dass dieser Schweif neuraler Energie oft in Beziehung zu dem sich bewegenden Astralkörper festgestellt worden ist, und dass es genau diese Beobachtung und nicht blosse Einbildung war, die zu der Idee führte, dass Engel «Flügel» haben.

Die Funktion des Schlafs

Schlaf ist nicht nur zur Erneuerung der physischen Lebenskraft wichtig, sein Zweck ist auch die Erneuerung der Lebenskraft des Astralkörpers. Während des Schlafs entspannen sich die Bänder, die den Astralkörper an den Körper binden und ermöglichen so dem Doppel ein wenig ausserhalb des physischen Körpers zu gleiten. Die meisten Menschen sind sich dieser mangelnden Übereinstimmung nicht bewusst, doch die Realisierung, dass der Astralkörper den Leib jedesmal, wenn man schläft, ein wenig verlässt, ist einer der wichtigsten Schritte zu dessen bewusster Freisetzung.

Der Schlaf stellt eine Dissoziation zwischen astralem und physischem Körper her mit dem Ziel, das astrale Doppel zu «befreien», damit es Energie und Lebenskraft aus astralen Quellen sammeln kann, und ist eine Form von Körperaustritt, wie wir ihn alle erfahren. Wie Carrington sagt: «Wir werden es zweifelsohne nie zu einer zufriedenstellenden Theorie des Schlafs bringen, bis wir die Anwesenheit einer vitalen Kraft und die Existenz eines individuellen menschlichen Geists anerkennen, der sich während des Schlafs mehr oder weniger ganz aus dem Körper zurückzieht und während den Schlafstunden geistige Stärkung und Nahrung aus seiner Reise in die spirituelle Welt bezieht.»[14]

Somit ist der astrale Körper das ätherische Gegenstück des physischen Körpers, dem er gleicht und mit dem er normalerweise übereinstimmt. Die Meinungen über dessen eigentliche Beschaffenheit gehen auseinander, doch nimmt man ganz allgemein an, dass er aus einem feinen oder halbflüssigen Stoff besteht (wahrscheinlich auf Grund einer grösseren Schwingungszahl), den das physische Auge nicht wahrnehmen kann.

Die Natur des Doppels

Das astrale Doppel ist bis ins letzte Detail ein Duplikat des physischen Körpers — bis hin zu den Kleidern. Dasselbe gilt für Erscheinungen, wo der Körper, wie G. N. M. Tyrell schreibt, «genauso klar und deutlich auf Details wie Farbe, Stoffart und Kleidung eingeht wie die materielle Form».[15]

Oft ist die Ähnlichkeit zwischen dem Doppel und dem physischen Körper so gross und so genau, dass der Betreffende nicht einmal merkt, dass er seinen Körper verlassen hat. Dies geschieht häufig bei Unfällen, wo der Verunfallte einfach nicht merkt, dass er seinen Körper verletzt am Boden liegen lässt und «aufsteht» und davonläuft.

Es muss auch gesagt werden, dass nicht jeder Körperaustritt das Besetzen eines zweiten Körpers verlangt: Manchmal bewohnt das Bewusstsein eine grosse Reihe von räumlichen Wesenheiten von weissen Wolken bis zu ungenauen Formen, die trotzdem eine ganz bestimmte Grösse und einen Standort im Raum aufweisen.

Es ist oft der Fall, dass das Doppel die Defekte des physischen Körpers nicht hat, das heisst, sinnliche Mängel wie Taubheit oder schlechter Geruchssinn sind im Astralkörper oft geheilt, und man kann sogar sagen, dass ein ausgesprochenes Gefühl des Wohlbefindens — in manchen Fällen sogar extrem ausgeprägt — in solch exteriorisierten Zuständen die Regel ist. So fühlt sich mancher Astralreisender «wirklicher» in seinem Astralleib.

Manchmal kann ein Gefühl auftreten, als befände man sich «an zwei Orten zugleich». Die ist wahrscheinlich einem gleichzeitigen Bestehen von zwei Bewusstseinszentren zuzuschreiben, einem im Körper und einem im astralen Doppel. «Mein Körper war bewusst», sagt eine Versuchsperson. «Er wusste, dass er ging und sah. Was sich verflüchtigt zu haben schien, war, was immer diesen physischen Körper zu meinem Körper machte, d. h., was immer mir Persönlichkeit oder Charakter verlieh.»[16]

Autoskopie und Autophanie

Man muss bewusst zwischen Autoskopie, der Erfahrung des *Sich-selbst-Sehens* (wie im Fall von George Ritchie), und Autophanie, dem *Sich-selbst-Erscheinen* (d. h. jenes Phänomen, das oft der Doppelgänger genannt worden ist), unterscheiden. Die Autoskopie beinhaltet, dass das Bewusstsein sich ausserhalb des Körpers befindet, so dass der Betreffende sich ausserhalb des Körpers befindet und diesen aus einem Abstand und durch eine neue Bewusstseinsquelle erfährt. In Fällen von Autophanie bleibt das Bewusstseinszentrum innerhalb des Körpers und wird mit seinem Doppel oder seiner astralen Entsprechung konfrontiert.

Die autoskopische Erfahrung geht fast immer Hand in Hand mit dem Körperaustritt und muss nicht notwendigerweise mit einem Trauma verbunden sein. Das Doppel kann dem Körper auch in Fällen von grosser Erschöpfung «entfliehen»:

> Ich arbeitete als Serviertochter in einem Quartierrestaurant und war nach einer Zwölfstundenschicht gerade mit

meiner Arbeit fertig geworden. Ich war schrecklich müde und niedergeschlagen darüber, den letzten Bus verpasst zu haben... Trotzdem fing ich an in Richtung Jericho zu gehen, wo ich damals wohnte, denn mehr als eine Viertelstunde zu Fuss war es nicht. Ich erinnere mich, dass ich mich derart müde fühlte, dass ich nicht sicher war, ob ich es schaffen würde und mir vornahm, «durchzuhalten». In diesem Augenblick langte ich dort an, wo heute das Theater ist. Das nächste, das ich wahrnahm, war der sehr hohle Klang meiner Absätze, und ich sah hinab und mich selbst um die Ecke der Beaumont Street in die Walton Street einbiegen. Ich — das Wenige an mir, das zählt — befand sich auf der Höhe der Kapelle des Worchester College. Ich sah mich sehr deutlich — es war an einem Sommerabend, und ich trug ein ärmelloses Kleid aus Shantung-Seide. Ich erinnere mich daran, gedacht zu haben: «So siehst du also in den Augen anderer aus.»[17]

Oft führt die Realisierung, dass der gesehene Körper einem selbst gehört, zu einem schnellen Wiedereintritt. Am häufigsten wird angegeben, dass der Betreffende, wie hier, auf seinen physischen Körper *hinunter*sah.

Experimentelle Erscheinungen

Viele Erscheinungen sind eigentlich die astralen Projektionen von lebenden Menschen statt Geister von Verstorbenen. Doch gibt es noch eine weitere Gruppe von Materialisierungen — die experimentellen Erscheinungen. Hierbei erschafft der einzelne auf Distanz durch einen Willens- oder Gedankenakt einen Schatten seiner selbst. Es ist ganz klar, dass ein naher Bezug zum willentlichen Körperaustritt besteht. Solche Erscheinungen können im allgemeinen dann hervorgerufen werden, wenn man gerade am Einschlafen ist, indem man sich sehr stark wünscht, zu einer bestimmten

Zeit vor einer bestimmten Person zu erscheinen. Man kann den «Schatten» jedoch auch experimentell durch Hypnose hinaufbeschwören.

Der Unterschied zwischen experimentellen Erscheinungen und willentlichen Körperaustritten besteht darin, dass die Projektion einer «Gedankenform» nicht notwendigerweise eine Verlagerung des Bewusstseins vom physischen Körper zur angenommenen Form beinhaltet. Bei der Astralprojektion ist dies aber immer der Fall. Eine experimentelle Erscheinung ist jedoch lediglich ein mehr oder weniger festes Bild, das durch einen intensiven Willensakt sichtbar gemacht worden ist. Astralprojektionen hingegen beinhalten immer eine völlige Verlagerung des Bewusstseins, ein Abtrennen des essentiellen «Ichs» vom Körper.

Es wird behauptet, dass experimentelle Erscheinungen in manchen Fällen ein eigenes Bewusstsein entwickeln, doch ist dies keinesfalls ein automatischer Prozess wie bei der Astralprojektion.

Das Doppel in der Geschichte

Der materialistische Standpunkt zur Möglichkeit eines Überlebens des Bewusstseins jenseits der Zerstörung des Gehirns wurde 1925 von Dr. C. D. Broad sehr deutlich niedergelegt:

> Die Ansicht, dass der Geist grundsätzlich auf den Organismus angewiesen ist und auf nichts anderes, stimmt mit allen normalen Tatsachen überein und wird von ihnen bejahend vorgeschlagen, auch wenn sie dieses nicht brauchen. Und es ist der einfachste Gesichtspunkt. Die Theorie, dass der Geist den Körper lediglich als ein Instrument einsetzt, ist schwer mit den normalen Fakten in Einklang zu bringen.[1]

Dies mag der einfachste Standpunkt sein, und oberflächlich betrachtet scheint diese Frage unbeantwortbar. Doch ist die gegenteilige Meinung genau das, was Hunderte von Augenzeugenberichte und Jahrhunderte der okkulten und mystischen Erfahrung eindeutig (man könnte fast sagen «herausfordernd») festgestellt haben: Dass das Bewusstsein nicht der physischen Struktur des Gehirns innewohnt, sondern dass es innerhalb des Körpers eine andere Wesenheit darstellt, welche das eigentliche Gefährt des Bewusstseins ist.

Der französische Erforscher der Psyche Hector Durville stellte eine fundamentale Frage: Werden Gefühle vom *sicht-*

baren Körper wahrgenommen oder vom *unsichtbaren,* der diesen bewohnt und beseelt? Der Materialist würde antworten, dass dies überhaupt keine Frage sei und dass das physische Gehirn alleiniger Sitz des Bewusstseins ist. Doch behauptet Durville, dass die Resultate seiner Experimente beweisen, dass der sichtbare, materielle Körper in Wirklichkeit nur ein Instrument ist, welches vom feinen, unsichtbaren Körper als Mittel benutzt wird, um sich auszudrücken. Seine Methode bestand darin, sowohl den physischen Körper wie auch das Doppel zu hypnotisieren. Seine Versuchspersonen behaupteten ausnahmslos, dass die wirkliche Individualität im freigesetzten Geist und nicht im physischen Körper stattfinde. Einer von ihnen sagte aus: «Der Körper, den Sie berühren, ist gar nichts. Er ist lediglich eine Hülle, eine Bedeckung des anderen. Meine ganze Individualität befindet sich im leuchtenden Geist. Er ist es, der denkt, bewusst ist und handelt. Er vermittelt seinem physischen Gegenstück, was ich Ihnen sage.»[2]

Orientalische Theorien zum Astralkörper

Alte chinesische Lehren enthüllen eine hochentwickelte Theorie des Astral- oder Vitalkörpers. Nach taoistischen Texten konzentriert sich die leuchtende Energie («das Licht») des Universums im physischen Körper in Form einer spirituellen Essenz. Diese verhällt sich meistens ruhig, doch durch spezielle Übungen und Meditationstechniken kann sie aktiviert werden und sich in räumlicher Form äussern. Rhythmisches Atmen und Meditation sowie Techniken wie das Konzentrieren auf die eigene Nasenspitze wurden dazu eingesetzt, dies zu bewerkstelligen. Der so aufgeladene Vitalkörper verlässt den Körper durch den Kopf, während der physische Körper in einem Trancezustand verharrt.

Es gibt eine Abbildung in Richard Wilhelms Übersetzung von *Das Geheimnis der goldenen Blüte,* die diese dritte Meditationsstufe, die «Absonderung des geistigen Körpers zur unabhängigen Existenz» zeigt. Eine kleine Gestalt sitzt auf einer Wolke, die über einem Meditierenden hängt und ist mit dessen Kopf durch eine wolkige Schnur verbunden.

Die hinduistische Philosophie postuliert eine okkulte Anatomie, die aus dem Körper, dem feinstofflichen Körper und dem Kausalkörper oder der Seele besteht. Der vermittelnde, feinstoffliche Körper umfasst solche Dinge wie die sinnliche Wahrnehmung und den mentalen Mechanismus, durch den wir uns selbst als Einzelwesen wahrnehmen.

Auch die okkulten tibetanischen Lehren haben viel zu diesem Thema zu sagen. Nach ihnen hat alles, ob es nun lebt oder nicht, ein Doppel, eine Schattenwirklichkeit, die in einer Dimension existiert, die mit unserer verflochten ist. Das menschliche Doppel bewohnt demnach zwei Welten zugleich. Das Doppel ist normalerweise unsichtbar, doch kann es von jenen wahrgenommen werden, die über das zweite Gesicht verfügen. Es trennt sich während des Schlafs vom physischen Körper und auch während gewissen Meditationspraktiken. Wenn der physische Körper stirbt, löst sich das Doppel mit der Zeit auf.

Die alten Yogatexte sprechen von den acht *siddhis* oder übernatürlichen Kräften, die durch die Übung einer bestimmten Art von Yoga erreicht werden können. Eines von diesen ist als «Fliegen durch die Luft» bekannt, was dem zu entsprechen scheint, das wir heute Astralreisen nennen.

Die Theorie des Astraldoppels im Westen

Bereits im alten Griechenland wurden Bestandteile eines Glaubens an den Astral- oder Sternenkörper zusammengetragen, und wir können feststellen, wie die Theorie der Sternenhülle der Seele in den Schriften von Plato, Aristoteles und dem Platoniker des dritten Jahrhunderts, Porphyrius, Gestalt annahmen.

In Dantes *Inferno,* geschrieben im vierzehnten Jahrhundert, gibt es eine Anspielung auf die Seele, die sich um ihre eigene kreative Kraft dreht: «gleich ihrer lebenden Form in Gestalt und Grösse... nimmt die sie umgebende Luft die Form an, die die Seele ihr zuweist...»

Die Renaissance, das Wiederaufleben des Interesses an der klassischen Philosophie und vor allem an deren esoterischeren und mystischeren Aspekte, führte zu erneuerten Spekulationen über Funktion und Wesen des astralen Doppels. Der Neoplatoniker Jean Fernel (1497—1558) zum Beispiel verwies in diesem Zusammenhang auf die griechischen Lehren wie auch auf die Annahme, dass zwei derart verschiedene Dinge wie Körper und Seele nicht ohne die Hilfe einer vermittelnden Agens harmonisch zusammenwirken könnten. Nach der neoplatonischen Theorie war die Seele in ein schimmerndes Gewand gehüllt, ein Gefährt, das zwischen den zwei Naturen des Menschen bestand — zwischen dem Körper und der Seele. Sie lehrten ebenfalls, dass dieser zweite Körper, dieses Gewand, aus stellarem Material gefertigt war und deshalb besonders stark auf astrologische Einflüsse reagierte.

Paracelsus formulierte eine siebenfache Beschaffenheit des Menschen, ein Element dessen der Astralkörper war, während die abstrusen Spekulationen der alchimistischen Philosophen in typisch verschlüsselten Symbolismen von einer Wesenheit sprachen, die wir heute vielleicht als den Astralkörper erkennen können.

Der Körperaustritt

Der materielle und der astrale Körper sind unter normalen Umständen miteinander zu einer einzigen Einheit verschmolzen, wobei sie gegenseitig ineinander aufgehen. Eine Nichtübereinstimmung findet nur bei Bewusstlosigkeit statt oder wenn der Körper schläft. Eine bewusste Aussendung wird deshalb erreicht, indem man ähnliche Bedingungen simuliert.

Durch die Jahrhunderte haben Mystiker die Wirklichkeit des freigesetzten astralen Doppels anerkannt, auch wenn dieses meist stark von der Seele getrennt worden ist. Yoga ist ein Mittel, wodurch eine Abtrennung erreicht werden kann, und auf seinen höchsten Stufen kann Yoga eine solche Nichtübereinstimmung mit dem Körper herbeiführen und sogar das Eintreten in andere Wirklichkeiten ermöglichen. Wie wir gesehen haben, betont der Neoplatonismus die Anwesenheit des astralen innerhalb des materiellen Körpers, und besonderen Wert wird auf die schmale Verbindung zwischen ihnen gelegt. Laut der neoplatonischen Theorie kann sich der astrale Körper während des Schlafs oder in einem Trancezustand von seinen physischen Verankerungen losreissen, und eines ihrer Diktate war, dass die Nacht des Körpers der Tag der Seele sei. Plautus selbst schrieb nieder, dass er viele Male «aus dem Körper gehoben worden war», um «ausserhalb» aller Dinge zu stehen.

Manche Menschen neigen selbstverständlich mehr zu unwillkürlichen Astralreisen als andere. Dies scheint eine Nebenerscheinung des mystischen Charakters zu sein und wird ebenfalls mit künstlerischer Kreativität in Verbindung gebracht. Gewisse physische Typen eignen sich ebenfalls eher zur spontanen Spaltung — zum Beispiel solche, die eine schwache oder nervöse Konstitution aufweisen, gepaart mit einer lebhaften und sensiblen Mentalität. Die Geschichten der Hexen, die durch die Luft zum Sabbath fuhren, mögen ihren Ursprung ebenfalls in diesen Fällen von eigentlichen Astralreisen gehabt haben.

Man schätzt, dass einer von hundert Menschen irgendeinmal in seinem Leben irgendeine Art der Astralprojektion erlebt. Auch wenn der Mystiker oder der aufgedrehte Künstler im Ganzen gesehen dazu neigen mag, mehrfache Aussendungen zu erfahren, passieren Reisen ausserhalb des Körpers einer grossen Anzahl gewöhnlicher und «unscheinbarer» Leute — wie es die statistischen Untersuchungen von Professor Hornell Hart der Duke Universität, North Carolina, und Celia Green in Oxford wie auch die von Dr. Crookall gesammelten Fallgeschichten bestätigen.

Traum oder Wirklichkeit?

Auf eine wichtige Frage muss gleich zu Anfang eingegangen werden: Sind ausserkörperliche Erfahrungen Träume oder sind sie wahr? Skeptiker behaupten natürlich, dass es einfache Träume sind, und damit basta. Doch die Berichte von Astalreisenden bestechen vor allem durch ihren Sinn für *Wirklichkeit:* Es sind tatsächliche Erfahrungen, die hier beschrieben werden, keine Halluzinationen. Im Traum löst sich die Persönlichkeit sozusagen auf, und die wichtigsten Sinne liegen brach. Wir sind eigenartige, losgelöste und beinahe hilflose Beobachter. Doch während der Astralreisen fühlt sich die Persönlichkeit voll mit einbezogen, und das Bewusstsein, mit all seinen Sinnen, funktioniert wie üblich oder meist besser.

Die Dualität in alten Glauben

Seit dem Morgengrauen seines Lebens hier auf Erden ist der Mensch unheilbar davon überzeugt gewesen, dass sein leiblicher Körper etwas viel Bleibenderes umfasst. Dies «etwas» muss nicht-körperlich und unzerstörbar sein, und auch wenn es die meiste Zeit mit dem Körper zusammenarbeitet und sich diesem auch auf jede Art anpasst, ist es unter gewissen Bedingungen dazu fähig, sich vom Körper loszulösen und kann eine völlig von ihm unabhängige Existenz führen.

Viele Entwicklungen sind dieser ursprünglichen gefolgt. Die meisten primitiven Gesellschaften glauben an das Überleben einer permanenten Wesenheit, die weiterlebt, wenn der physische Körper gestorben ist. In manchen Fällen ist der Geist Teil eines riesigen gemeinsamen Reservoirs, einer Sippen-Substanz; beim Tode eines Mitglieds vereint sich dessen Seele mit der Substanz der Sippe und birgt so das Material für neugeborene Mitglieder. Andere glauben, dass die Seele sich in einer Reihe von Gegenständen ausdrückt — in einem Baum, einem Stein oder in einem Tier.

Die ägyptische Theorie

Im alten Ägypten war dieser Urdrang, über eine grundsätzliche Immaterialität und Immortalität zu theoretisieren, hoch entwickelt. Der Glaube der Ägypter an ein zukünftiges Leben war Hauptmerkmal ihrer Kultur und durchdrang alles, was sie taten. Sie konnten nicht glauben, dass die Auflösung des Körpers die Spanne ihres Lebens bestimmte. «Sie wussten ganz genau», schreibt E. A. Wallis-Budge, «dass der leibliche Körper eines Menschen nicht ewig leben kann, denn sie sahen den täglichen Beweis hierfür vor ihren Augen, indem die Toten tatsächlich ‹vergingen›... Und doch war ihr Glaube an die Zukunft nicht erschüttert, und sie kamen zu dem Schluss, dass es im vergänglichen Körper etwas geben musste, das von diesem getrennt werden konnte und nach dem Tode dieses Körpers weiterleben würde.»[3]

So wurde das Grab zur «ewigen Bleibe», in dem das *ka* oder der Geist des verstorbenen Körpers wohnte. Solange der vergängliche Körper der Mumie darin ruhte, blieb auch *ka*. *Ka* konnte das Grab verlassen und zurückkehren und sich sogar an Speise und Trank laben, doch kehrte es immer zur Mumie zurück. *Ba,* die Seele, oder *chu,* die Intelligenz, konnten das Grab hingegen nicht verlassen.

Die Texte der Hieroglyphen sprechen von *ka* als einem Duplikat des Körpers, einem «flüssigen Geist». Die Ägypter scheinen sich diesen als eine weniger dichte Kopie des physischen Körpers vorgestellt zu haben, einer Nachbildung bis ins letzte Detail. Seine Gebundenheit an den Körper sogar über den Tod hinaus erklärt, warum die alten Ägypter so grossen Wert auf die Einbalsamierung legten, die einen Versuch darstellte, den Körper vor der Verwesung zu bewahren.

Das *ka* war also nicht dasselbe wie das, was wir allgemein unter der Seele verstehen; seine Existenz war theoretisch begrenzt. Es scheint eine Art von Lebenskraft gewesen zu sein, die für das Überleben notwendig und mit dem Körper im Tode so lange verbunden war, wie dieser erhalten blieb. Auch hier sehen wir die grundlegenden Merkmale dessen, was später Astralkörper genannt wurde.

Das Doppel

Hinter all den modernen Theorien über die Beschaffenheit und Metaphysik des menschlichen Doppels liegen Jahrhunderte des Glaubens an die Fähigkeit der Seele, dem unsterblichen Teil des Menschen, eine sichtbare Form annehmen zu können.

Wir können jetzt zwischen dem Astralkörper und der Seele unterscheiden, und wie wir gesehen haben, hat die okkulte Anatomie den Menschen in noch viel mehr Bestandteile zergliedert. Doch liegt das Doppel allen diesen Konzepten zugrunde.

Wir finden den Begriff des Doppels in der mündlichen Überlieferung aller Völker. Die Begegnung mit ihm wurde als sehr schlechtes Vorzeichen angesehen: Die Griechen vermieden es zum Beispiel, ihr Spiegelbild im Wasser zu betrachten. Auch der Schatten wurde als dunkle Seite des Ichs verstanden, das immer (wenn auch nicht immer sichtbar) auf der Lauer war.

Die psychologischen Folgerungen des Besitzes eines Doppels, oft böser Natur, das den physischen Körper bewohnt, ist natürlich ein mächtiges literarisches Thema: Stevensons *Dr. Jekyll und Mr. Hyde* und Oscar Wildes *Das Bildnis des*

Dorian Gray sind zwei berühmte Beispiele. Doch gibt es genügend Beispiele aus dem richtigen Leben, die für gewöhnlich eine Begegnung mit dem Doppel unter ungünstigen Begleitumständen beinhalten.

Autophanie: Das Doppelgänger-Phänomen

D. G. Rossettis bekanntes Gemälde «Wie sie sich trafen» zeigt die Doppelgänger-Legende von ihrer romantischsten Seite. Sich selbst zu begegnen, ist ein vergleichsweise seltenes Phänomen, und doch ist dies schon einer Reihe von berühmten Leuten passiert.

John Aubrey, Antiquar und Lästermaul des siebzehnten Jahrhunderts, beschreibt, wie Lady Diana Rich über den Besitz Holland House wanderte, als sie eine Vision ihrer selbst hatte, in der sie sich so klar wie in einem Spiegel sah. Einen Monat später war sie tot.

Auch Königin Elisabeth I. sah ihren eigenen Schatten kurz vor ihrem Tod, wie auch Katharina die Grosse. Shelley sah sein Doppel auf die See deuten, und wie es sich herausstellen sollte, war darunter zu verstehen, dass der Poet den Ertrinkungstod erleiden würde.

Eine Begegnung mit sich selbst ist nicht immer Vorbote des nahenden Todes. Goethe erzählt in seinem Buch *Aus meinem Leben* wie er seinen Doppelgänger traf:

> Ich ritt auf dem Fussweg gegen Drusenheim, und dort überkam mich eine der eigenartigsten Vorahnungen. Ich sah mich selbst mir auf dem selben Weg zu Pferde entgegenreiten, doch trug ich Kleider, wie ich sie noch nie getragen hatte. Sie waren hellgrau und mit Gold durchwirkt. So bald ich mich aus diesem Tagtraum gerissen hatte, verschwand die Vision. Eigenartig ist jedoch, dass ich mich an der identisch gleichen Stelle acht Jahre später befand, als ich Frederika ein letztes Mal besuchen wollte,

und ich trug dieselben Kleider, die ich in meiner Vision getragen hatte, nicht weil ich sie eigens dazu ausgewählt hätte, sondern aus reinem Zufall.

Es scheint auch in der Bibel einen Hinweis auf das Doppel zu geben. Als der Heilige Petrus durch den Engel aus dem Gefängnis befreit worden war, ging er und klopfte an die Türe eines Orts, wo viele seiner Freunde versammelt waren. Sie konnten nicht glauben, dass er es wirklich sei, und sagten zu dem Mädchen, das die Türe geöffnet hatte: «Es ist sein Engel.» Catherine Crowe fragt in *The Night-Side of Nature,* was sie damit meinten:

> Der Ausdruck ist nicht *ein* Engel, sondern *sein* Engel. Nun ist es nicht wenig bemerkenswert, dass im Osten das Doppel oder der Doppelgänger eines Menschen bis auf den heutigen Tag eines Menschen Engel oder Bote genannt wird. Da wir nicht annehmen können, dass dieser Ausdruck von den Aposteln, die sich in Markus' Haus versammelt hatten, anders als ernst gemeint war ... dürfen wir annehmen, dass sie auf ein bekanntes Phänomen hinwiesen. Entweder wussten sie, dass das Ebenbild eines Menschen — sein spirituelles Doppel — manchmal dort auftrat, wo er selbst nicht körperlich anzutreffen war, und dass sein *imago* oder *idolon* eigene mechanische Kraft entwickeln konnte oder aber, dass andere Geister manchmal eine sterbliche Form annahmen ...[4]

In ihrem bemerkenswerten Buch führt Mrs. Crowe dann Beispiele der klassischen Doppelgänger-Situation an, die betonen, dass die Erfahrung des Sich-selbst-Begegnens, anders als bei Goethe, meist auf eine Katastrophe hinweist. Zwei der von ihr erwähnten Fälle seien hier kurz angeführt. Der erste betrifft einen Juwelier aus Ludwigsburg namens Ratzel. Eines Abends, als er um eine Ecke ging, fand er sich unverhofft der eigenen Form von Angesicht zu Angesicht gegenüber. Er war ihr so nahe, dass er sogar in die Augen seines Ebenbilds schauen konnte. Er war zu Tode erschrocken, doch der Doppelgänger verschwand. Er erzählte etlichen Leuten von seiner Begegnung und beeindruckte seine Zuhörer mit seiner Aufrichtigkeit. Kurze Zeit später ging er durch einen Wald und traf dort auf eine Gruppe von Holzarbeitern, die ihn baten, ihnen mit den Seilen zu helfen, mit denen sie eine Eiche fällen wollten. Er tat es und wurde durch deren Fall getötet.

Der zweite Fall betrifft Becker, einen Mathematikprofessor in Rostock. Dieser hatte sich mit einem Freund über eine theologische Frage gestritten und begab sich in seine Bibliothek, um ein Buch zu holen, auf das er sich berufen wollte. Als er in die Bibliothek eintrat, sah er sich selbst in seinem üblichen Stuhl sitzen und lesen. Er ging von hinten auf die Gestalt zu und sah über ihre Schulter. Sie las die Bibel. Die Finger der rechten Hand des Doppelgängers deuteten auf den Satz: «Richte dein Haus, denn du wirst sterben.» Professor Becker, der den Vorfall seinen Freunden erzählt hatte, starb am folgenden Abend.

Heilige Doppel

Von den Doppeln der Heiligen sagt man im allgemeinen, dass sie sich leicht ablösen können und oft fähig sind, so klar und plastisch zu erscheinen, dass die Anwesenden davon überzeugt sind, die eigentliche Form vor sich zu haben. Es gibt zwei berühmte Beispiele solcher Ereignisse.

Das erste betrifft den Heiligen Antonius von Padua. Eines Gründonnerstags besuchte er eine Messe in der Kirche von St. Pierre du Queyrix in Limoges, als ihm plötzlich einfiel, dass er versprochen hatte, einer Messe am anderen Ende der Stadt beizuwohnen. Er zog seine Kapuze tief in die Stirn und kniete nieder. Später wurde berichtet, dass er vor den versammelten Mönchen des anderen Gottesdienstes erschienen sei, die Predigt abgehalten und die angekündigte Messe gelesen habe, um dann zu verschwinden.

Der zweite Fall ist der des Heiligen Alphonsus Liguori, der 1787 starb. Er litt unter einem chronisch schlechten Gesundheitszustand, und im Herbst des Jahres 1774 war er in eine Trance gefallen und während fünf Tagen in seiner Zelle im Kloster von Arezzo reglos liegengeblieben. Am Ende dieser Zeit kam er wieder zu sich und sagte, er habe sich am Totenbett von Papst Klemens XVI. aufgehalten, einige Tagesreisen entfernt. Die Einzelheiten seiner Aussagen wurden später bestätigt, und er wurde tatsächlich an der Seite des Papstes gesehen.

Goethes Freund

Goethe (dessen Familie laut Mrs. Crowe Geister sehen konnte) ist der Anlass einer weiteren Geschichte, in der es um die Begegnung mit einem Doppel geht, welches in jedem Punkt mit der Wirklichkeit übereinstimmte — wieder ohne ernstliche Folgen.

An einem Sommerabend, als Goethe mit einem Freund auf dem Heimweg war, sah er seinen alten Bekannten Friedrich auf sich zukommen. Zu seinem Erstaunen war Friedrich mit einem Nachthemd, einer Schlafmütze und Pantoffeln angetan. Goethes Freund sah Friedrich nicht. Als Goethe zu Hause ankam, war Friedrich tatsächlich dort. Er war von einem Regenguss durchnässt worden und hatte in Goethes Haus seine Kleider gewechselt. Er war genau so angezogen, wie Goethe ihn auf der Strasse gesehen hatte, und Friedrich sagte ihm, er selbst sei eingedöst und habe geträumt, er sei dem Freund entgegengegangen.

Sir Carne Rash

Dies ist ein anderer, sehr bekannter Fall, bei dem es um drei Mitglieder des englischen Parlaments geht. Sir Carne Rash lag krank im Bett, doch wurde er gleichzeitig im Abgeordnetenhaus von zwei seiner Freunde gesehen. Einer von ihnen, sie Arthur Hayter, behauptete, einen äusserst bleichen Rash am selben Morgen gesehen zu haben und dass er einige Meter von seinem gewöhnlichen Platz entfernt gesessen sei. Der andere Zeuge, Sir Gilbert Parker, nickte Rash zu und fragte ihn, wie es ihm ginge, worauf Rash mit einem stillen Starren antwortete, um dann zu verschwinden.

Praktische Astralprojektion

Wie alle psychischen Tätigkeiten kann auch die Astralprojektion gefährlich sein, und alle, die sich an dieses Experiment heranwagen wollen, tun gut daran, die Warnungen jener zu beachten, die ihnen vorangegangen sind, und diese auch wirklich sehr zu Herzen zu nehmen. Sich während einer Krankheit vom Körper zu trennen oder, wie J. G. Bennett, nach einem Unfall, führt meistens zu keinen nachteiligen Wirkungen; die Freisetzung jedoch bewusst herbeizuführen ist eine ganz andere Angelegenheit. Wie manche behauptet haben, ist es sogar möglich, den Astralkörper zu beschädigen — ein Zustand, der sich an einer entsprechenden Änderung der Aura ablesen lässt.

Das Nervensystem kann durch eine zu abrupte Rückkehr in den Körper bleibenden Schaden erleiden; auch der Astralkörper kann aus dem Gleichgewicht geraten. Der Körper selbst kann von Symptomen wie Übelkeit, Schwindel oder gar Lähmung heimgesucht werden. Doch sind die Gefahren für die spirituelle Natur weitaus grösser. Wie Benjamin Walker schreibt:

> In extremen Fällen kann das, was normalerweise hinter den Dingen liegt und im Unterbewussten verwahrt bleibt, sich umkehren und mit den Begebenheiten des Alltags verschmelzen. Eine gar noch schlimmere Möglichkeit ist die, von Wahnvorstellungen geplagt zu werden. Der Astralkörper ist sehr stark mit den inneren Gefilden des

Ich verbunden, vielleicht auch mit der Seele selbst, doch niemand weiss genau durch welche Gänge. Unvorsichtige Versuche mit Astralprojekten stellen ein Spielen mit der zerbrechlichen Ausgewogenheit dieser Beziehung dar, was zu einer progressiven Desintegration der Psyche führen kann.[1]

Starrkrampf ist eine weitere, sehr reale Gefahr, wenn das Bewusstsein vom physischen zum ätherischen Körper verlegt wird. Dazu kommt die Möglichkeit, lebendig begraben zu werden, weil man für tot gehalten wird, auch wenn das Bewusstsein innerhalb des Körpers erhalten bleibt.

Auch die inneren Räume selbst sind voller Fussangeln und Fallen für den Ungewappneten. Es gibt dort Elementarkräfte, die sogar die Erfahrenen fürchten und meiden. «Jene, die eine Beziehung mit den Mächten des Astralen und des Elementaren eingehen», schreibt Anna Kingsford, «ohne sich ihres Griffs auf das Himmlische sicher zu sein, liefern sich dem Höllischen aus.»[2]

Die Erfahrung der Astralprojektion

Welche Erfahrungen kann der Anfänger erwarten, der sich der Gefahren voll und jederzeit bewusst ist, wenn er die Techniken der Astralprojektion einmal gemeistert hat?

Ein klassischer und immer noch sehr spannender Bericht stammt von Sylvan Muldoon, in *Die Aussendung des Astralkörpers.* Muldoon verfügte schon in sehr jungen Jahren über die erstaunliche Fähigkeit, seinen Astralkörper willentlich auszusenden. Er war immer eher schwach und kränklich gewesen, was wahrscheinlich einen bedeutenden Einfluss auf seine Fähigkeit hatte, sich von seinem Körper zu trennen. Seine erste diesbezügliche Erfahrung fand statt, als er zwölf Jahre alt war. Er wurde von seiner Mutter in die Spiritistische Vereinigung des Mississippi Valley in Clinton,

Iowa, mitgenommen. Am Abend nach ihrer Ankunft ging Muldoon um 10.30 Uhr zu Bett und schlief während etwa drei Stunden. Dann merkte er, wie er langsam aufwachte, doch vermochte er weder in den Schlaf zurückzusinken, noch zu erwachen.

Er befand sich, wie er schrieb, in einem «ohnmächtigen, stillen, dunklen und gefühllosen Zustand». In diesem Zustand des «astralen Starrkrampfs» spürte er sich selbst plötzlich fliessen. Gleichzeitig fing sein ganzer Körper ganz schnell zu vibrieren an, und er fühlte einen enormen Druck an seinem Hinterkopf.

Er realisierte darauf, dass er tatsächlich etwa einen Meter über seinem Bett floss. Er bewegte sich darauf, unwillkürlich, wie ihm schien, von einer horizontalen zu einer stehenden Stellung am Fussboden. Als er sah, dass er sich nun bewegen konnte, drehte er sich um und begriff zum ersten Mal, dass sein Körper immer noch auf dem Bett lag. Es gab nun zwei identische Körper, verbunden durch ein Elastikähnliches Kabel, dessen eines Ende in der Gegend des Rückgrats mit dem Astralkörper verbunden, dessen anderes aber zwischen den Augen des physischen Gegenparts befestigt war.

Er konnte umhergehen und sich durch scheinbar feste Gegenstände wie Türen hindurchbewegen. Nach einer Weile spürte er, wie der Widerstand des Kabels zunahm, er verlor jegliche Kontrolle und fand sich plötzlich in einer horizontalen Position über dem Bett wieder:

> Er war die umgekehrte Prozedur von der, die ich erlebt hatte, als ich aus dem Bett aufgestiegen war. Langsam sank der Geist hinab, und wieder vibrierte er, als er dies tat, um plötzlich wieder ganz genau mit seinem Gegenstück übereinzustimmen. In diesem Augenblick der Übereinstimmung zuckte jeder Muskel in meinem Körper, und

ein durchdringender Schmerz, wie wenn ich von Kopf bis Fuss aufgeschlitzt worden wäre, schoss durch mich hindurch. Ich war wieder körperlich am Leben und so verängstigt wie erstaunt, war ich doch die ganze Zeit über bei vollem Bewusstsein gewesen.

Der Wunsch

Der allerwichtigste einzelne Faktor bei der willentlichen Astralprojektion ist *der Wunsch, den Körper zu verlassen.* Ohne diese bewusste Absicht wird nichts erreicht. Wenn der Wunsch einmal gefasst worden ist, gleitet er meistens unter die Schwelle des Bewusstseins, wo er jedoch als extrem mächtiger Auslöser erhalten bleibt. In der Tat kann jede Art von Wunsch, besonders wenn unterdrückt, dazu eingesetzt werden, als Treibstoff für den Projektionsprozess zu dienen. Muldoon, zum Beispiel, machte sich die Macht des unterdrückten Wunsches zueigen, indem er jeden Abend, ehe er zu Bett ging, Salzwasser trank. Sein physischer Körper war hilflos und ausserstande, doch sein Astralkörper befreite sich, weil der Wunsch bestand Wasser zu trinken.

Wenn die Astralprojektion einmal erreicht worden ist, nimmt der Wunsch nach einer Wiederholung dieser Erfahrung zu, und dieses Verdichten des Projektionswillens erleichtert eine spätere Freisetzung.

Wie wir gesehen haben, ist die spontane Projektion eine Sache. Es ist eine totale Erfahrung, und der Betreffende beobachtet den Prozess mit einer Art staunender Objektivität. Doch müssen bei der willentlichen Projektion die verschiedenen Entrückungsstufen klar verstanden und geübt werden. Hier die drei Hauptstufen.

Die erste Stufe

Die erste Stufe besteht darin, den Astralkörper nur leicht aus der Übereinstimmung mit dem physischen Körper zu führen. Wie bereits erklärt, ist es dies, was im Schlaf passiert, und dem Nichtphysischen wird auf diese Art eine besonders tiefe Erholung zuteil, die sich in einer erneuerten geistigen Regheit und grösserer intellektuellen Energie ausdrücken kann, von der Nichtübereinstimmung des astralen mit dem physischen Körper stammt und dem kurzen doch wichtigen Aufenthalt auf den Astralebenen zu verdanken ist. Die Fähigkeit, *sich dessen gewahr zu werden, dass der Körper schläft,* ist die erste Stufe der Astralprojektion. Dies bedeutet nichts weniger, als dass das volle Bewusstsein unabhängig vom schlafenden Körper besteht und, was noch viel wichtiger ist, dass es ausserhalb dieses Körpers besteht.

Diese Erfahrung ist häufiger, als man auf den ersten Blick annehmen möchte, und die meisten Leute wissen nicht einmal, dass es sich hierbei um eine Form der Astralprojektion handelt. Extreme Müdigkeit kann zum Beispiel oft die Freisetzung des Astralkörpers nach sich ziehen. Der physische Körper ist erschöpft, und doch kann man den Schlaf nicht finden. Das Gehirn rast weiter, Bilder drängen sich ihm auf, kürzliche Erlebnisse, oft solche, die zur körperlichen Erschöpfung geführt haben, werden wiedererlebt. Manchmal können diese «Direktübertragungen» sehr echt wirken, und in diesen Fällen ist das Bewusstsein aus dem Körper hinausgetreten: man vergisst seine körperliche Müdigkeit und die Erfahrung, die man in einer Art Wachtraum nochmals erlebt, nimmt überhand, indem der Astralkörper, der jetzt das einzige Gefährt des Bewusstseins ist, ein wenig aus der physischen Hülle hinausgleitet.

Die zweite Stufe

Die hier beschriebene Art von Auflösung ist etwas, das viele von uns bereits erlebt haben. Die nächste Stufe tritt weniger oft auf und doch ist sie sehr ausgiebig dokumentiert worden. Hier geht es um die eigentliche Aussendung des

Astralkörpers aus der physischen Hülle über eine Distanz von einigen Dutzend Zentimetern oder gar Metern. Diese Erfahrung wird häufig durch einen grosse Schmerzen verursachenden Unfall des Körper ausgelöst. J. G. Bennetts Erfahrung in Frankreich ist ein gutes Beispiel dafür, und die Situation, wo ein Patient erlebt, wie er auf seinen eigenen Körper hinunterschaut, der von einem Ärzteteam umgeben ist (wie im Fall von George Ritchie), findet man auch häufig in der Literatur zu diesem Thema.

Die dritte Stufe

Diese tritt dann auf, wenn der Astralkörper ziemlich weit vom physischen Körper weggeführt wird: manche Astralreisende behaupten, im Astralkörper über grosse Strecken gereist zu sein. Am häufigsten geschehen Projektionen über grosse Distanzen, weil ein starker Wunsch danach besteht, sich an einem bestimmten Ort aufzuhalten oder mit einer bestimmten Person zusammen zu sein. Hier kommt der Wunschfaktor ganz eindeutig zum Ausdruck: der Wunsch wird zur kreativen Kraft — einer Energiequelle, die den Astralkörper zu seinem Ziel katapultieren kann.

Die kreative Vorstellungskraft

Um eine willentliche Aussendung zu erreichen, muss man, wie bereits erwähnt, nicht nur den bewussten Wunsch einsetzen, sondern auch klar und stark visualisieren können. Es handelt sich dabei im Endeffekt um eine Selbsthypnose. Es gibt viele Bilder, die sich eignen, um eine Projektion zu erzielen: Flucht von einer physischen Umgebung in eine andere ist ein gutes Beispiel. So könnte man sich vorstellen, auf irgendeine Art am Meeresgrund verankert zu sein und verzweifelt danach zu trachten, einen Weg an die Oberfläche zu finden. Auch kann man sich einbilden, man befände sich auf der einen Seite einer Mauer in einer wüstenähnlichen Gegend und versuche über diese zu klettern oder springen, um in eine üppige Landschaft auf der anderen Seite zu gelangen. Auch hier ist der Wunschmoment von entscheidender Wichtigkeit.

Vorbereitende Übungen zur Freisetzung des Doppels

Die beste Zeit für einen solchen Projektionsversuch ist, wenn der Körper müde und zur schnellen Entspannung fähig ist, der Geist jedoch relativ wach — der starke Wunsch nach Projektion wird das Gehirn oft aktivieren, auch wenn man körperlich erschöpft ist.

Legen Sie sich flach hin: der Fussboden eignet sich besser als ein Bett. Der Trick besteht darin, den Körper zu entspannen, während man den Geist gleichzeitig von allem leert, ausser dem Wunsch, sich jenseits des physischen Leibs zu begeben. Es braucht eine ruhige und friedliche Umgebung. Die Halbdunkelheit eignet sich am besten für die Projektion. Manche Reisende behaupten, dass die Zeit kurz vor Mitternacht bis etwa drei Stunden danach die beste sei, da dies der Augenblick ist, wenn sich der Körper normalerweise im Tiefschlaf befindet.

Die alltäglichen Sorgen müssen völlig abgeschaltet werden: sowohl Ihre Muskeln wie auch Ihr Gehirn müssen entspannt sein, und jede Verkrampfung muss überwunden werden. Sie sollten nicht einmal auf einen Erfolg hoffen, denn jede Art von Eifer stellt ein Hindernis für die erfolgreiche Astralprojektion dar. Wenn keine Trennung stattfindet, muss dies einfach akzeptiert und ein weiterer Versuch zu einem späteren Zeitpunkt unternommen werden. Auch wenn der Wunsch nach Projektion von kapitaler Wichtigkeit ist, muss ihm nicht in dem Mass nachgegeben werden, dass er zur Obsession wird.

Wünsche können am besten unter Kontrolle gebracht werden, indem man ihnen in kurzen Ausbrüchen erlaubt aufzukommen und alle geistigen Energien auf ein spezifisches Ziel der Projektion konzentriert. Der Wille, vor einer anderen Person zu erscheinen, ist Grund für so manch sogenanntes Geistergesicht gewesen. Ein berühmtes Beispiel dafür ist der schwedische Dramatiker August Strindberg. Strindberg befand sich 1895 in Paris in einem Zustand heftigsten geistigen Aufruhrs wegen des Scheiterns seiner zweiten Ehe. In diesem Zustand empfand er einen überwältigenden Wunsch, nochmals bei seiner Familie zu sein, und plötzlich fand er sich zuhause wieder und sah seine Schwiegermutter ganz deutlich am Klavier sitzen. Sie nahm ihn genauso deutlich wahr und fragte ihn später in einem Brief, ob er krank sei.

Visualisierung

Dies ist der zweite grosse Schlüssel zur erfolgreichen Astralprojektion. Die Visualisierung ist seit jeher Kernstück okkulter Übungen gewesen und stellt eigentlich die Hauptpforte zu den inneren Räumen dar. Die kreative Vorstellungskraft (was Visualisierung eigentlich bedeutet) hat natürlich eine lange und ehrbare Geschichte, da sie das Herzstück mancher Arten von Dichtung und anderer Formen künstlerischer Kreativität ist.

Visualisieren ist nicht leicht, es ist etwas, dem wir entwachsen sind, weil wir uns schon so lange auf andere Gedächtnisstützen verlassen — vom Buch bis zum Computer. Wir brauchen uns nicht länger so sehr auf unser Gedächtnis zu verlassen, und das Wachrufen geistiger Bilder hat aufgehört, ein wichtiger Faktor im Überlebensspiel zu sein.

Versuchen Sie einige einfache Übungen: Schauen Sie sich den Umschlag eines Buches an; schliessen Sie die Augen und versuchen Sie sich eine genaue geistige Entsprechung davon vorzustellen — korrekt bis ins letzte Detail. Sie werden bemerken, dass es gar nicht einfach ist, ein genaues geistiges

Bild von diesem Umschlag hinaufzubeschwören, doch wenn Sie durchhalten und es immer wieder versuchen, werden Sie feststellen, dass das Bild irgendwann klarer und genauer wird, bis sie es schlussendlich so genau sehen wie mit Ihren körperlichen Augen. Wenn Sie dazu fähig sind, haben Sie eine Grundtechnik der Astralprojektion gemeistert und können diese sofort zur Anwendung bringen.

Visualisierungsübungen

Für die ersten bewussten Schritte in der Astralprojektion ist Visualisierung von allumfassender Wichtigkeit. Versuchen Sie nun, den Astralkörper durch diese neue Fähigkeit der kreativen Visualisierung «aufzulockern». Liegen Sie zurück, auf Ihrem Bett oder dem Fussboden und stellen Sie sich vor, wie sich Ihr Astralkörper ein bisschen von Ihrem Körper abhebt. Stellen Sie sich dies *wirklich* vor, was nicht dasselbe ist, wie darüber nachzudenken.

Beobachten Sie alles bis ins letzte Detail, auch Ihre Umgebung. Indem Sie dies tun, sollten Sie das Gefühl für das Bett oder den Fussboden unter Ihnen allmählich vergessen; merzen Sie jeden Gedanken daran, dass Sie von fester Materie getragen werden, aus.

Konzentrieren Sie sich einzig und allein auf Ihren Astralkörper, wie dieser sich sanft von seinen körperlichen Verankerungen löst und in die Luft schwebt.

Sie können diese Übung wieder und wieder machen, ohne dass etwas passiert. Wenn Sie fortfahren, fest in Ihrem Körper eingeschlossen zu bleiben, müssen Sie intensiver üben: Mancher Leute Astralkörper ist viel stärker mit dem Physischen verbunden als der anderer, und es bedarf einer unheimlichen Konzentration und Anstrengung, ihn freizusetzen.

Die Verlagerung des Bewusstseins

Wenn Sie wieder versuchen, Ihren Astralkörper auszusenden, müssen Sie probieren, den Sprung von der Einbildung zur Erfahrung zu schaffen: Indem Sie sich vorstellen, wie der Astralkörper über dem physischen fliesst, müssen Sie danach trachten, Ihr Bewusstsein auf die Astralebene zu verlagern, und dies muss so vollständig unternommen werden, dass Sie zusehen können, wie Ihr Körper reglos auf dem Bett oder am Boden liegt. Sie müssen wirklich und wahrhaftig *vom Astralkörper aus* beobachten.

Seien Sie mit kleinen Erfolgen zufrieden. Jeder unternommene Schritt ist ein schwieriger und verlangt völlige Hingabe, wenn Sie nicht jemand sind, der leicht ins Astrale hinübergleitet. Versuchen Sie sich vorzustellen, wie Ihr Astralkörper sich bewegt, sich dreht; verlegen Sie Ihre gesamte Energie auf den Astralkörper und lassen Sie Ihren Körper als das zurück, was er in Wirklichkeit ist — eine leere Hülle.

Visualisieren mit offenen Augen

Die bisher erwähnten Übungen werden mit geschlossenen Augen durchgeführt. Bei der nächsten Stufe geht es um ein Visualisieren mit offenen Augen. Dies ist sogar noch schwieriger, doch hilft auch hier ein bisschen Übung, besonders dann, wenn die Techniken für geschlossene Augen gemeistert worden sind. Legen Sie sich mit offenen Augen hin und beginnen Sie, den Astralkörper aufzulockern, indem Sie sich ihn als von Ihrem Körper getrennt vorstellen. Fangen Sie bei den Füssen an und arbeiten Sie sich dem Körper entlang langsam und vorsichtig hoch, bis Sie deutlich ein leuchtendes Doppel Ihrer selbst wahrnehmen können.

Viele Astralreisende behaupten, dass die Bahn des freigesetzten Doppels oft spiralförmig vom Kopf ausgeht; und diese Bahn kann visualisiert werden, um eine Projektion herbeizuführen. Wie Crookall sagt: «Wenn man sich *vor-*

stellt, dass der Astralkörper nach aussen rotiert, tendiert dieser tatsächlich dazu, dieser Bewegung zu entsprechen.»[3]

Konzentration

Andere Methoden können versucht werden, die die erwähnten Visualisierungsübungen ergänzen, wie das Starren auf einen einzigen Gegenstand aus einer gewissen Distanz. Dies kann sehr schnell zur Abtrennung führen, weil die Augen nicht mehr deutlich sehen und sich daraufhin das Unbewusste einschaltet.

Eine am Ende eines dunklen Raums plazierte Kerze ist ein guter Konzentrationspunkt. Wenn man spürt, wie das normale Bewusstsein aufgehoben ist, visualisieren Sie, wie Ihr Astralkörper Ihren Körper verlässt und dem Gegenstand Ihres Starrens entgegenfliesst — hier der Kerze.

Eine weitere Methode, die von den Schülern Eckankars benutzt wird, besteht darin, eine farbige Scheibe zwischen die Augenbrauen zu plazieren, auf die man dann unablässig starrt.

Mantras

Andere uralte Techniken verlassen sich auf ein Skandieren von Mantras oder anderen magischen Silben; solch monotones Skandieren über längere Zeit führt zu einem Trancezustand, in dem der Astralkörper sich aufzulockern vermag. Diese Technik wurde von jung auf durch Lord Tennyson verwendet, um abgetrennte Zustände hervorzurufen: «Ich habe eines Tages angefangen, meinen Namen still vor mich hin zu wiederholen, bis sich plötzlich wie aus der Kraft des vehementen Bewusstseins meiner Individualität hinaus eben diese Individualität auflöste und in etwas Endloses überzugehen schien, nicht in einen konfusen Zustand, sondern in das Klare vom Klarsten.»

Rosenkränze, die man durch die Finger gleiten lässt, indem man einen mystischen oder kryptischen Vers oder Klang skandiert, sind ein weiteres uraltes Mittel, um die physische Ebene zu transzendieren. Dies wird oft in Zusammenhang mit bestimmten Atemübungen durchgeführt, die den Anteil an Kohlenstoff im Blut hinabsetzen, auch wenn tiefes Atmen für den Anfänger etwas gefährlich sein kann und auch bei vollständiger Beherrschung nur sehr vorsichtig angewendet werden sollte. "Rebirthing" (dafür ungeeignet)

Die Technik der sich öffnenden Tür

Doch kommen wir immer wieder auf die Visualisierung zurück. Eine bekannte okkulte Technik wurde von Aleister Crowley entwickelt. Der Astralreisende hat sich eine geschlossene Tür in einer kahlen Wand vorzustellen. Auf dieser Tür steht eine Silbe geschrieben, die zuvor Inhalt der Meditationen des Betreffenden war. Dann muss man sich vorstellen, wie sich diese Türe langsam öffnet und wie man durch sie hindurchgeht. Mit etwas Übung (und Glück) wird eine Aussendung stattfinden, wie bei Kenneth Grant, der Crowleys Technik ausprobierte und sich «seines Körpers entledigt» fand, «während meinen Bewegungen ein Gefühl äusserster Leichtigkeit und Freiheit anhaftete».

Der Einsatz von bestimmten Bildern

Man hat festgestellt, dass bestimmte Bilder der Freisetzung des Astralkörpers zuträglich sein können. Solche Bilder haben natürlich auf jeden wieder einen anderen Einfluss, doch lohnt es sich, sich auf ein paar von ihnen zu konzentrieren, um zu sehen, ob ein merkliches Nachlassen des Bandes zwischen leiblichem und astralem Körper stattfindet.

Versuchen Sie, sich Lichtwellen oder -blitze vorzustellen (Sie müssen sie, wie immer, wirklich *sehen*); stellen Sie sich vor, Sie seien ein kleiner, frei fliessender Punkt im Weltall oder Teil einer Wolke oder Dampf (manche Astralreisende haben festgestellt, dass dieser Auslösemechanismus für sie sehr wirksam war).

Auch kann die Bewegung als Methode sehr nützlich sein, wie wenn man sich im Raum fliegende oder wirbelnde Bilder vorstellt. Man kann das Bild eines Trichters wählen, da dieser mit dem Gedanken eines Sichzusammenziehens auf einen Punkt in Verbindung gebracht wird wie auch von einer Ausdehnung von einem ursprünglichen Brennpunkt aus. Sie können sich vorstellen, Sie würden durch einen Trichter in eine leuchtende, jenseitige Welt geraten; auch wird das Bild eines Wasserstrudels aus ähnlichen Gründen oft mit dem eines Trichters verbunden. Das Wirbeln ist Hauptmerkmal jener Tänze, durch die sich die Derwische in Trance versetzen.

Die Idee bei der Konzentration auf solche Bilder ist, dass die Einbildung die tatsächlichen Bedingungen in der Astralwelt kreiert. Was wir Einbildungen nennen, ist nichts anderes als die Anwendung der astralen Sinne: «Wenn wir uns hingegen einbilden, dass wir uns in eine bestimmte Stadt begeben — das einzige Resultat in eben diesem Gedanken besteht in der astralen Welt —, sollten wir dorthingehen, wirklich hingelangen, wenigstens wenn wir dies wünschen.»[5]

Mit anderen Worten ist der Gedanke ein kreativer Akt in der astralen Welt, und wenn wir uns vorstellen, der Astralkörper würde auf einen engen Auslösungspunkt zuwirbeln oder aus dem physischen Körper hinausklettern, wird das diese Tätigkeit begünstigen: Der Gedanke reicht, um den Astralkörper in Bewegung zu setzen, auch wenn wir im physischen Leib nicht erkennen können, dass dem so ist. Muldoon spricht vom aktiven und passiven Willen, wobei der erste der stärkere und der Wille ist, der uns zur Verfügung steht, wenn wir mitten in der Nacht aufwachen; und er sagt kategorisch: «Vielleicht werden Sie jetzt einwenden: ‹Was wollen Sie mich glauben machen? Dass man sich projizieren kann nur indem man sich wünscht, man könne es?› In einem gewissen Sinn ist dies wahrer, als Sie sich vorstellen können... Die Einbildungskraft *kann* zur Aussendung des Astralkörpers führen.»[6]

Das Tunnelbild ist vielleicht das einfachste und wichtigste Mittel, um den imaginären Willen, die Einbildungskraft zu stimulieren, nur schon weil es dem eigentlichen Gefühl der Projektion zu entsprechen scheint. Es kann mit der Erfahrung vieler Patienten unter Narkose verglichen werden, die das Gefühl «unterzugehen» als ein Eintreten in einen Tunnel beschreiben.

Atmen

Von der Manipulation des Atems weiss man schon seit langem, dass sie den Übergang zu Trancezuständen birgt und das Aussenden des Astralkörpers begünstigt. Nur schon durch ein Anhalten des Atems kann man eine leichte Lockerung des Astralkörpers bewirken, wie Swedenborg schreibt: «An- oder Zurückhalten des Atems kommt einem intimen Umgang mit der Seele gleich und zieht diese durch den Körper an.» Die höheren Stufen des Yoga legen natürlich grossen Wert auf die psychischen Auswirkungen der Atemkontrolle.

Das «Zählen der Schritte»

Die Shinto-Magier Japans entwickelten eine Methode des Astralreisens, die als «Zählen der Schritte» bekannt ist, und eine Adaptation dieser Technik ist für den Anfänger in Astralreisen leicht nachzuvollziehen.

Sie fusst auf der genauen Visualisierung einer bestimmten Reise, meistens um einen geliebten Menschen zu besuchen. Die Magier entscheiden sich für eine bestimmte Anzahl

Schritte, die zum Ziel dieser Reise führen, egal wie weit entfernt dies in alltäglichen Begriffen wäre.

Indem er sich vorstellte, wie er sein Haus verliess, sah der Magier sich die abgemachte Anzahl Orte passieren, um dann bei dem Haus anzukommen, das er zu besuchen wünschte. Er musste dann an die Türe klopfen und von der Person, die er zu sehen wünschte, eingelassen werden. Wenn er seine Botschaft überbracht hatte, musste er dieselbe Anzahl Schritte zu seinem eigenen Haus zurückverfolgen. Für diese Technik sind eine enorme Konzentration und eine präzise, lebhafte Einbildungskraft nötig.

Die Adaption geht wie folgt: Erstens müssen Sie sich für einen Weg entscheiden, den Sie in Ihrem eigenen Zuhause einschlagen wollen — zum Beispiel vom Schlafzimmer in die Küche. Dann müssen Sie sich jede Einzelheit dieser Strecke einprägen — auch die nichtigste Kleinigkeit muss Ihnen vertraut sein. Folgen Sie dem gewählten Weg wieder und wieder, und tragen Sie auf einem Stück Papier die Hauptmerkmale des von Ihnen dazu aufgezeichneten Wegs ein. Unternehmen Sie alles, um diesen wirklich zu *kennen*.

Daraufhin wählen Sie sechs Punkte entlang des Weges — vielleicht eine Steckdose, einen Heizkörper oder ein Bild an der Wand.

Dann müssen Sie sich vor jeden ausgewählten Punkt hinsetzen und ihn während etwa fünf Minuten betrachten. Gehen Sie am nächsten Tag zu ihm zurück und konzentrieren Sie sich zehn Minuten auf ihn.

Wiederholen Sie diese Übung so lange wie nötig, um den gewählten Punkt *haargenau* in Ihrem Gedächtnis zu speichern, dann fahren Sie mit dem nächsten Punkt auf Ihrer Route fort.

Wenn Sie das Gefühl haben, Sie hätten sich jedes einzelne Detail des Weges und die darauf festgelegten Punkte unwiderruflich eingeprägt, sind Sie bereit, in Ihrem Astralkörper eine Reise entlang dieser Route zu wagen.

Legen Sie sich auf Ihr Bett und entspannen Sie sich. Wenn Ihr Körper sich beruhigt hat, stellen Sie sich vor, wie Sie in Ihrem Astralkörper von Ihrem Bett aufsteigen. Zu Anfang werden Sie die imaginäre Gestalt Ihres Doppels von Ihrem physischen Leib aus beobachten, doch wenn Sie sich gut vorbereitet und an eine lebendige Visualisierung gewöhnt haben, wird Sie ein Zustand zweifachen Bewusstseins überkommen, gefolgt von einer Verschiebung des Bewusstseins in die eigentliche Astralgestalt.

Versuchen Sie, sich in Ihrem Astralbildnis zu «halten», sehen Sie vom Astralkörper aus und folgen Sie der Route, die Sie jetzt so genau kennen sollten. Verweilen Sie bei jedem einzelnen Punkt und nehmen Sie jedes eingeprägte Detail wahr.

Wenn Sie dann am Ende der Strecke angekommen sind, können Sie sofort in Ihren Körper zurückkehren oder aber den ganzen Weg Schritt für Schritt zurückverfolgen. Sind Sie einmal in Ihren Körper zurückgekehrt, wird Ihnen das Ganze vielleicht wie ein lebhafter Traum erscheinen, doch nach einigen Versuchen werden Sie feststellen, dass Sie tatsächlich in Ihrem Astralkörper gereist sind.

Mit etwas Übung können Sie einfach durch Anhäufen des Wunsches aus Ihrem Körper treten, indem Sie eine intensive Vision des Ortes kreieren, wo Sie sich aufzuhalten wünschen.

Nachhaltige literarische Komposition kann meines Erachtens nach ebenfalls einen die Trennung begünstigenden Zustand hervorrufen: Wenn der Schreiber vom Fieber seiner Gedanken übermannt wird, purzeln diese schneller aus ihm hinaus, als er schreiben kann, und in diesem Zustand extremer kreativer Aufregung kommt die astrale Schwelle näher, was sich in einem Gefühl der Leichtigkeit im Kopf ausdrückt, indem die Augen ihren Brennpunkt verlieren und der unbewusste Geist erneut an die Oberfläche dringt und die kleinen alltäglichen Sorgen des normalen Bewusstseins zum Verschwinden bringt.

Oliver Fox

Die Erfahrungen des Oliver Fox, berichtet in der *Occult Review,* 1920, gehören zu den berühmtesten in der gesamten Literatur zum Thema Astralprojektion. Die Artikel, in denen Fox von seinen Körperaustritten berichtet, heissen «Die Zirbel-Türe» und «Jenseits der Zirbel-Türe» und enthielten eine Reihe von faszinierenden Einzelheiten.

Fox fing damit an, dass er die zwei möglichen Erklärungen für Erfahrungen wie die seinen darlegte: 1. Dass sie besonders lebhafte Träume seien und 2. dass sie eigentliche Aussendungen eines inneren Körpers seien. Er selbst versuchte nicht, die Theorie des Bestehens eines Astralkörpers zu erhärten, er unterbreitete seinen Lesern lediglich seine Erfahrungen.

Das Hauptmerkmal der Astralprojektionen Foxes war, dass sie der Traumkontrolle entwuchsen. Seine heute berühmte Technik bestand darin, Ungereimtheiten oder Anachronismen in einem Traum zu beobachten; anders gesagt, verschaffte er sich Klarheit über die Gewissheit, dass er träume. Die Entdeckung des Foxschen Traumschlüssels ist es wert, zitiert zu werden:

> Als ich mit achtzehn Jahren Student an der technischen Hochschule war, führte mich ein Traum dazu, meine Forschungen aufzunehmen. Ich träumte einfach, dass ich draussen vor unserem Haus stand. Als ich hinuntersah, entdeckte ich, dass die Pflastersteine ihre Lage auf mysteriöse Art verändert hatten. Ihre Längsseite verlief plötzlich parallel zum Rinnstein statt in einem rechten Winkel dazu. Dann fiel mir die Lösung ein: Auch wenn dieser

wunderschöne Sommermorgen so echt schien, wie nur möglich, *träumte* ich. Sofort nahm die Lebhaftigkeit des Lebens um mich herum um ein Hundertfaches zu. Nie waren das Meer, der Himmel und die Bäume von solcher Schönheit gewesen; sogar die gewöhnlichsten Häuser schienen zu leben und von mystischer Schönheit. Nie hatte ich mich so total wohlgefühlt, so klar, so voller göttlicher Macht. Die Welt war tatsächlich zu meiner Schöpfung geworden. Dieses Gefühl war zu herrlich, um es beschreiben zu können, doch ging es nur ein paar Augenblicke, bis ich aufwachte. Wie ich später lernte, war meine geistige Kontrolle von meinen Gefühlen überschwemmt worden sodass der langweilige Körper seine Rechte geltend machte und mich zurückzog. Und nun hatte ich die (für mich) neue und wunderbare Idee, ob es möglich sei, die Herrlichkeit meines Traums von neuem einzufangen. Konnte ich meine Träume *verlängern?*

Der Schlüssel zur Foxschen Technik, die Beobachtung von Ungereimtheiten in Träumen, um diese klar als solche einordnen zu können, scheint auffallend leicht, doch in Wirklichkeit ist dies ein äusserst schwieriges Unterfangen. Fox versuchte sich viele Male zu sagen, dass er träume, ohne dass irgendeine Veränderung eintrat, doch als er dies einmal gemeistert hatte, geschah immer wieder dassselbe. Der Prozess des Erkennens von Ungereimtheiten und die Verlängerung des Traums in das wache Bewusstsein hinüber setzte den Astralkörper frei, und Fox fand, dass er durch scheinbar feste Mauern wandern und «Materie umgestalten» konnte.

Er musste jedoch feststellen, dass die Anstrengung des Verlängerns seines Traums einen Schmerz in der Gegend der Zirbeldrüse hervorrief, den er als Warnung verstand, zu seinem Körper zurückzukehren. Er fand ebenfalls heraus, dass er in den letzten Augenblicken der Verlängerung des Traumes ein zweifaches Bewusstsein erlebte. Er konnte fühlen, wie er in seinem Traum aufrecht stand, während er gleichzeitig im Bett lag und das Schlafzimmer sehen konnte.

Den nächsten Schritt in seinen Forschungen verdankte er der Frage, was passieren würde, wenn er den Schmerz ignorierte und sein Traumbewusstsein sogar noch weiter vorantrieb.

Fox unternahm dies mit einiger Nervosität und stellte fest, dass er, wenn er dies tat, einen «Klick» in seinem Gehirn verspürte, gefolgt von einem Gefühl, in seinem Traum «ausgeschlossen» und von seinem Körper vollständig getrennt zu sein. In diesem Zustand verschwand das Gefühl eines zweifachen Bewusstseins, und er befand, dass er eine neue Dimension bewohnte, frei von der Zeit, wie er sie bis dahin gekannt hatte. Er hatte seinen Astralkörper ausgesandt.

Es war nur eine kurze Erfahrung, denn mit ihr kam ein Gefühl der völligen Einsamkeit sowie eine plötzliche Panik. Dann fühlte er denselben geistigen «Klick» und fand sich in seinem Körper wieder — in einer totalen katakleptischen Trance. Er konnte nur mit der grössten Mühe wieder die Kontrolle über seinen Körper erlangen: «Ich sprang mit grösster Freude aus dem Bett und brach sofort auf dem Boden zusammen, wobei mir speiübel war. Noch zwei bis drei Tage danach war mir elend.»

Dies scheint eine gute Gelegenheit, um zu wiederholen, wie gefährlich die Astralprojektion sein kann und um Fox' Liste der möglichen Folgen anzuführen:

1. Durch Schock hervorgerufener Herzanfall oder Irrsinn.
2. Durch Auftreten einer todesähnlichen Starre lebendig begraben werden.
3. Obsession oder Besessenheit.

4. Durchtrennen der Schnur.
5. Nachwirkungen auf das physische Gefährt.

In der Erfahrung von Fox verharrte der Körper in einer halbstarren Stellung. Auch wenn die Augen geschlossen waren, war die Umgebung wie auch die darin befindliche Luft deutlich sichtbar. Fox selbst beschrieb diese Erfahrung, als würde man von der Sonne erhellte Staubteilchen sehen. Dahinter, am Rande der Visibilität, befindet sich das, was er eigenartigerweise als Froschlaich beschreibt, von blaugrauer Farbe und zitternd. Auch gibt es ein Bewusstsein von kosmischem atmosphärischem Druck — so etwas wie ein sehr intensives Gefühl, kurz vor einem Sturm zu stehen.

Bis zu diesem Punkt hatte Fox nie eine Aussendung erreicht, ohne einen entsprechenden Bruch im Bewusstsein zu erfahren: Er hatte immer das Gefühl, dass ihn etwas zurückhielt. Seine Lösung bestand darin, sein nichtmaterielles Selbst durch eine Öffnung in seiner Zirbeldrüse zu zwängen, so dass es hinter ihm «klickte»:

> Ich tat dies in Trance, indem ich mich einfach auf die Zirbeldrüse konzentrierte und durch sie aufzusteigen wünschte. Das Gefühl war so: Mein nichtmaterielles Ich stiess bis zu einem Punkt in der Zirbeldrüse vor und warf sich dann gegen eine eingebildete Falltüre.. Wenn der Schwung gross genug war, um mich hindurchzuführen, wendete sich auch mein Gefühl; mein nichtmaterielles Ich verschwand und wurde wieder eins mit meinem Körper, während das Astrallicht bis zum Normalen abflaute. Oft waren drei bis vier Versuche nötig, bis ich genügend Willenskraft aufbieten konnte, um mich hindurch zu tragen.

William Gerhardie

Im Jahre 1934 veröffentlichte William Gerhardie ein Buch

in Romanform, *Resurrection*, das zugegebenermassen auf persönlichen Erfahrungen beruhte. Wie Oliver Fox konnte sich auch Gerhardie in seinem Astralkörper beliebig auf Reisen begeben, indem er erkannte, dass er träumte. Er wurde sich bewusst, dass eine im Traum erlebte Situation lächerlich war, und dieses Bewusstsein ist typisch für einen Zustand zwischen Wachen und Träumen — wo das schlafende und das wache Bewusstsein ineinander übergehen.

Sobald Gerhardie realisierte, dass er träumte, «erwachte» er. Er streckte seine Hand aus, um das Licht über seinem Bett anzuzünden, doch fand er, dass er nur Luft berührte. Darauf wurde ihm klar, dass er sich eigentlich ausserhalb seines Körpers befand. Er fühlte, wie er horizontal aus diesem hinausgeschoben und auf die Füsse gezwungen wurde.

> Hinter mir befand sich eine Lichtspirale wie ein leuchtender Gartenschlauch, der einem gebündelten Strahl staubigen Lichts entsprach, wie man ihn im Kino aus dem Projektor im Hintergrund des Saals kommen sehen kann. Zu meinem grössten Erstaunen beleuchtete das breite Lichtkabel hinter mir das Gesicht auf dem Kopfkissen, das ich als mein eigenes erkannte, wie wenn es an der Schläfe des Schlafenden befestigt wäre. Er war ich selbst, nicht tot, sondern friedlich atmend, mit leicht geöffnetem Mund...

In diesem Zustand konnte er den Türknauf nicht auf die übliche Weise umdrehen, doch war er durchaus fähig, durch scheinbar feste Materie hindurchzuschreiten; auch erhaschte er im Badezimmer einen Blick seines Spiegelbilds, und er war genauso angezogen wie sein Körper auf dem Bett. Er konnte sich mit äusserster Leichtigkeit fortbewegen, doch konnte er keine Gegenstände bewegen. Ausserhalb seiner Wohnung angekommen stellte er fest, dass das Gefühl der Leichtigkeit zunahm, je weiter er sich von seinem physischen Körper wegbewegte; er war sich ebenfalls bewusst, dass er hingehen konnte, wo immer er wünschte. Da er aber vorsichtig war, beschloss er, zu seinem Körper zurückzukehren, und er beschrieb diese Rückkehr folgendermassen:

> Mein Bewusstsein liess nach. Es schien mir, als würde ein Dutzend Arbeiter unter viel Gekratze und Geklopfe mit grösster Vorsicht und unter der Führung eines Experten von meinem Schädel aus, der in meinem Gehirn widerzuhallen schien, eine kostbare Last, die ich selbst war, in irgendein Gefäss hinunterlassen, das nun zu meinem Ich wurde. Mit einem Ruck, der mich schüttelte, als würde die ganze Maschinerie in meine Eingeweide absacken und eine Tonne wiegen, öffnete ich die Augen.

Experimentelle Projektion

Die Experimente des französischen Forschers Hector Durville umfassen Astralreisen, die herbeigeführt wurden, als die Versuchsperson sich in einer tiefen «magnetischen» Trance befand. Sie scheinen die Existenz der Silberschnur zu bestätigen («Meistens ist diese von zylindrischer Form, doch manchmal kann sie auch als eine Art Band auftreten») sowie die Frage, ob das Astraldoppel bekleidet ist. Durville sagte aus, dass die Kleidung des projizierten Fantoms aus einer Art flüssiger Gaze zu bestehen scheine. Schirme aus Calciumsulphid wurden aufgestellt unter der Suggestion, dass das Fantom sich einem von ihnen nähern sollte. Das vom Fantom gewählte leuchtete mit grösserem Glanz. Durvilles Schlussfolgerungen (dargelegt in seinem wenig bekannten Buch *Le Fantôme des Vivants*) waren die folgenden:

1. Die Aussendung des Astralkörpers ist eine unumstössliche Tatsache, die man durch direkte Experimente bewei-

sen kann. Hieraus ist zu schliessen, dass die bewusste oder lebendige Kraft unabhängig von der Materie ist und dass die Individualität aus einem physischen Körper, einer intelligenten Seele und einer lebenswichtigen Verbindung zwischen diesen beiden — dem Astralkörper — besteht.
2. Da der Astralkörper oder das Fantom unabhängig vom Körper bestehen und funktionieren kann, muss er als starkes Argument für ein Leben nach dem Tode gesehen werden, d.h. die Unsterblichkeit könnte wissenschaftlich bewiesen werden.

Astralreisen als Gewohnheit

Gewohnheitsmässige Astralprojektion hat ihre Nachteile, auch wenn sie manchen Leuten als wünschenswert vorkommen dürfte: man darf sogar mit einiger Richtigkeit behaupten, dass die bewusste Projektion überhaupt entgegen der natürlichen Ordnung der Dinge sei, denn wenn es eine Fähigkeit wäre, die wir «haben» sollten, wäre es etwas so Selbstverständliches wie schlafen oder gehen. Der französische Astralreisende Yram schreibt von der Leichtigkeit (die man sich als äussert lästig oder gar gefährlich vorstellen kann), mit der er nach längeren Versuchen seinen Körper auszusenden vermochte: «Es geschah manchmal, dass ich mich im selben Moment neben meinem Körper wiederfand, wie ich meine Augen schloss und ohne irgend etwas Besonderes dabei zu empfinden... Die Ausübung der Projektion wurde zu einer solchen Gewohnheit, dass ich manchmal zu meinem Körper zurückkehren musste, um mich zu vergewissern, dass es sich wirklich um eine Aussendung handelte und ich nicht bloss schlafwandelte. Dies gibt dem Leser eine Ahnung der frappanten Wirklichkeit dieses Zustandes.»

Reglosigkeit

Dies ist der von Sylvan Muldoon benutzte Ausdruck, um

die Verlangsamung der Körperprozesse zu beschreiben, die nötig ist, um eine Astralprojektion zu bewirken. Dazu gehören das Hinabsetzen des Herzschlags und des Pulses, und es sollte klar sein, dass *niemand mit irgendwelchen Herz- oder Atemstörungen diese Technik versuchen sollte.*

Man sollte liegen und sich so weit wie nur möglich entspannen. Die Fähigkeit, völlig ruhig zu verharren und in sich hineinzuhorchen — vor allem dem ruhigen und gleichmässigen Schlagen des Herzens zu lauschen —, ist nicht leicht zu erwerben. Sie verlangt ein hohes Mass an Konzentration, doch mit der Zeit wird man herausfinden, wie man seinen Herzschlag in jedem beliebigen Teil des Körpers spüren kann. Ist diese Stufe einmal erreicht, besteht der nächste Schritt darin, die Geschwindigkeit des Herzschlags hinabzusetzen, indem man sich darauf konzentriert und es anweist, langsamer zu schlagen. Ein *langsamer* und *regelmässiger* Herzschlag fördert die Projektion, und dessen Erreichen stellt eine altbekannte Methode zur Freisetzung des Astralkörpers dar. Man braucht kaum darauf hinzuweisen, dass das Ziel dieser Technik ist, schlafähnliche Bedingungen zu simulieren, also jenen Zustand, in dem die meisten spontanen Astralprojektionen stattfinden.

Muldoons Technik zur Herbsetzung der normalen Lebensrhythmen kann mit Celia Greens wissenschaftlicherer Behauptung verglichen werden, dass es einen Grund dafür gibt, eksomatische (ausserhalb des Körpers stattfindende) Erfahrungen einer verringerten Muskelspannung gleichzusetzen. Etwa dreiunddreissig von ihren Versuchspersonen gaben an, dass die von ihnen gemachte Erfahrung von einer Entspannung der Muskulatur begleitet worden war — sogar in Fällen, wo Stress beim Hinauszwingen des Doppels ein starker Faktor gewesen war. Wie man schon lange weiss, sind Entspannung und meditative Techniken dem Ausüben von bewusster Astralprojektion förderlich.

Einige Zeugnisse

Ein umfangreicheres Buch als dieses könnte mit den persönlichen Erlebnissen und Zeugnissen jener gefüllt werden, die eine Astralprojektion erlebt haben, sei diese nun willkürlich oder unwillkürlich. Einzeln genommen könnte jede von ihnen vom Skeptiker kritisiert werden, und passende «logische» Erklärungen könnten abgegeben werden, um wegzurationalisieren, was sonst zu einem grossen Fragezeichen am Himmel des wissenschaftlichen Materialismus werden müsste. Doch als Ganzes genommen, stellen diese persönlichen Berichte dem Spektizismus eine enorme Mauer entgegen; ihre Eindrücklichkeit ist überwältigend, und jeder mit einem offenen Geist muss daraus schliessen, dass ihnen ein solides Fundament der Wahrheit zugrunde liegt.

Auch wenn es in ihnen mancherlei übereinstimmende Merkmale gibt, ist jede Astralreise eine einmalige Erfahrung; so wie wir die materielle Welt auf verschiedene Weise sehen, unterscheiden sich auch die Merkmale der Astralebene und sogar die verwendeten Methoden und die empfundenen Gefühle von einem Reisenden zum nächsten. Für den Anfänger sind die Zeugnisse also von unermesslichem Wert, da sie als Berichte jener, die ihm vorangegangen sind, eine gesammelte Niederschrift dessen darstellen, was er zu erreichen hofft.

Beispiel Nr. 1

Ein ziemlich typischer Fall wurde von Sylvan Muldoon in

The Occult Review vom Januar 1931 berichtet. Er betraf eine Amerikanerin, Frau B., die viele Körperaustritte erlebt hatte. Die meisten von diesen waren zufälliger Art und vor allem in den frühen Morgenstunden aufgetreten sowie von einem Gefühl körperlicher Stumpfheit angekündigt worden.

Kurz bevor die Austritte stattfanden, fühlte sich Frau B. jeweils, wie wenn sie in einem mächtigen Strudel gefangen wäre; sie empfand Schmerz und ein «Schnippen» in ihrem Kopf, welches dann in ein Gefühl angenehmer Leichtigkeit überging. Während des Austritts konnte sie ihren Astralkörper nicht anführen und musste sich damit zufriedengeben, dahin zu fliessen, wo immer sie hingetragen wurde. Sie hatte meistens Angst während diesen Projektionen (was auf eine untypische Erfahrung hindeutet), gepaart mit einer schmerzhaften Verengung im Hals, die so stark werden konnte, dass sie sie zur Rückkehr in ihren physischen Körper zwang.

Während der von Muldoon berichteten Reise fand sich Frau B. während der Projektion in ihrem Astralkörper in der Eingangshalle eines eigenartigen, palastartigen Hauses wieder. Muldoon zitiert Frau B.s eigene Worte zu diesem Vorfall:

> Von der Eingangshalle aus schwebte ich eine grosse Treppe hoch in ein Zimmer hinein, in dem eine alte Frau lag. Ich näherte mich dem Bett mit einiger Scheu, auch wenn ich sicher war, unsichtbar zu sein. Plötzlich wachte sie auf und tat so, als ob sie mich sehen konnte, denn sie richtete sich auf ihrem Ellbogen auf und sah mich unverwandt an. Ich war sehr verlegen, mich wie ein Dieb in einem fremden Haus aufzuhalten. Sie dachte ohne Zweifel, dass ich ein Geist der Toten sei... Ich fing an, mich zurückzuziehen, indem ich statt entlang des Treppengeländers darüber ging und hinunter, immer weiter hinunter, zusammen mit einem sinkenden Gefühl in meiner Magengrube.

Dann gab es ein «Summen» in meinen Ohren, und im nächsten Moment sass ich atemlos in meinem eigenen Körper in meinem Bett.

Abgesehen von den genauen Einzelheiten betreffend der Gefühle, die Frau B. während ihrer Astralreisen empfand, ist das Nachspiel zu ihrem Austritt der faszinierendste Teil ihrer Erfahrung. Zwei Jahre nach dieser Astralreise besuchte sie ihre Kusine in Concord, einem Ort, der etwa fünfzig Kilometer von New Hampshire, wo sie lebte, entfernt war. Diese Kusine hatte kürzlich ein völlig möbliertes Haus erworben, aus dem Nachlass einer älteren Jungfer, einem Fräulein M., die einige Zeit davor gestorben war.

Frau B. war nie zuvor im Hause ihrer Kusine gewesen: Eine Magd führte mich in dieselbe Eingangshalle, in der ich in jener Nacht ausserhalb meines Körpers gestanden war. Als ich mich umsah, wusste ich, dass ich dieses Haus schon einmal gesehen hatte, doch konnte ich mich nicht genau daran erinnern, bis ich meine Kusine dieselbe Treppe hinunterkommen sah, die ich während meines astralen Erlebnisses gesehen hatte!

Es zeigte sich natürlich, dass die kleine alte Dame, in deren Schlafzimmer Frau B. erschienen war, Fräulein M. gewesen war.

Beispiel Nr. 2

In den frühen Jahren der psychischen Forschung wurde klar, dass das Auftreten von Erscheinungen nicht immer mit dem Tod oder einem Trauma in Verbindung stand. Geister oder Ebenbilder wurden ausserhalb des Körpers des «Mitteilenden» gesehen, auch wenn mit dieser Erscheinung keine tragischen Umstände einhergingen. Es schien zu genügen, dass die Gedanken des einzelnen sich stark genug auf einen entfernten Gegenstand, Menschen oder Ort konzentrierten, damit ein Ebenbild auftrat.

Doch war jenes Fantom das Resultat von Telepathie, des Einflusses der Gedanken des Mitteilenden auf die des Wahrnehmenden? Oder war es andererseits ein Teil des Mitteilenden, der sich irgendwie abgesetzt hatte und jetzt für den Wahrnehmenden sichtbar wurde? Die erste Hypothese ist zweifelsohne richtig in manchen Fällen, doch allgemein gesprochen stimmt dieser Einbruch in ein Gehirn durch ein anderes nicht mit den Tatsachen überein.

Eine andere Theorie, wie wir in diesem Buch gesehen haben, legt die Existenz eines astralen Doppels fest, welches, bewusst oder unbewusst, jenseits des materiellen Körpers des Mitteilenden ausgesandt wird. Als Beweis dafür gibt es viele Zeugenberichte, in welchen Leute lebhafte und eindeutig richtige Erinnerungen an Orte mit zurückbringen, wo sie nie gewesen sind. Die *Wirklichkeit* solcher Erfahrungen muss betont werden. Nehmen wir zum Beispiel den von F. W. H. Myers niedergeschriebenen Fall:

> Eines Nachts im Januar des Jahres 1872 träumte ich, Ann Amherst, dass ich Mary de Lys sah und dass ich eine grosse Nadel in meiner Hand hielt. Indem ich energisch mit ihr über etwas sprach, gab ich ihr einen zünftigen Stich in den Zeigefinger ihrer rechten Hand. Sie verzog ihr Gesicht wie jemand, der Schmerz leidet, was ich in meinem Traum deutlich sah, und sagte: «Au, diese Nadel! Wie sie mich schmerzt! Warum hast du das getan?» Als ich am nächsten Morgen nach unten kam, sass sie zusammen mit Louey beim Kamin in der Bibliothek. Mary hielt sich den Finger und sagte mit demselben Ausdruck von Schmerz, den ich in meinem Traum gesehen hatte, dieselben Worte zu mir, und ich, die es mit der Angst zu tun bekam, über-

legte mir einen Augenblick, ob ich es gewesen sei, und sagte zu ihrem und Loueys Erstaunen: «War das wirklich ich?» Sie wusste nicht im geringsten, wer es getan hatte oder wann es geschehen war, und Louey hatte vergeblich nach einer Nadel in Marys Kleid Ausschau gehalten, die den Stich hätte verursachen können. Ehe ich hinuntergekommen war und gehört hatte, was Mary sagte, hatte ich meinen Traum keiner Sterbensseele gegenüber erwähnt. Ich kann ebenfalls bezeugen, dass unsere beiden Schlafzimmertüren die ganze Nacht geschlossen waren. Dem Finger ging es während mehrerer Tage so schlecht, dass er eingebunden werden musste. Es war derselbe Finger derselben Hand, die ich in meinem Traum gesehen hatte, der Zeigefinger der rechten Hand.[2]

Beispiel Nr. 3: Spontane Austritte

Wie wir bereits gesehen haben, gibt es zwei Arten von Körperaustritten — spontane und bewusste. Bei den spontanen Austritten stellt der Betreffende einfach fest, dass er sich ausserhalb seines Körpers befindet, ohne zu wissen, warum und wie die Projektion stattfand. Oft gibt es jedoch einen besonderen Grund für diese Art von Austritt, wie im Falle eines körperlichen Traumas. Bei der bewussten oder gewollten Projektion gibt es einen spezifischen und festen Wunsch, sich ausserhalb des Körpers zu begeben, auch wenn (und dies muss betont werden) der Erfolg sich nicht leicht einstellt. Durch eine Reihe von Faktoren kann eine erfolgreiche Aussendung erreicht werden, ohne dass der Betreffende es merkt, und sein Geist wird von anderen an einem anderen Ort gesehen, ohne dass der Astralreisende sich seines Erfolgs bewusst wäre.

Ein gutes Beispiel für einen spontanen Austritt wird von Caroline D. Larsen in ihrem Buch *My Travels in the Spirit World* angeführt:

Plötzlich machte ich eine sehr eigenartige Erfahrung. Ein Gefühl von tiefer Bedrücktheit und Angst überkam mich, nicht unähnlich dem, das einer Ohnmacht vorangeht. Ich sperrte mich dagegen, doch ohne Erfolg. Die überwältigende Beklemmung vertiefte sich, und bald beschlich mich eine körperliche Taubheit, bis jeder Muskel wie gelähmt war. Ich verharrte einige Zeit in diesem Zustand. Mein Geist war jedoch so rege wie immer. Zuerst vernahm ich die Musik (unten) ganz deutlich, doch bald entzog sie sich mir stufenweise, bis alles zu einer Leere wurde und ich mir des Lebens und der Welt nicht mehr bewusst war. Wie lange dieser Zustand dauerte, kann ich nicht sagen. Was während dieser Zeit geschah, weiss ich ebensowenig. Das nächste, was ich wusste, war, dass ich selbst auf dem Fussboden neben meinem Bett stand und aufmerksam auf meinen eigenen physischen Körper hinuntersah, der darin lag... Ich erkannte jede Linie in diesem vertrauten Gesicht, bleich und ruhig wie im Tode, die Augen fest geschlossen mit leicht geöffnetem Mund. Die Arme und Hände hingen schlaff und leblos vom Körper hinab... Ich drehte mich um und ging langsam auf die Türe zu, bewegte mich durch sie hindurch und in den Gang hinein, der zum Badezimmer führte... Aus Gewohnheit machte ich mich daran, das Licht anzuzünden, was ich natürlich nicht wirklich tat. Doch war keine Beleuchtung nötig, den von meinem Körper und Gesicht ging ein starkes, weissliches Licht aus, das das ganze Zimmer hell aufleuchten liess.[3]

Beispiel Nr. 4: Austritte unter Narkose

Gleichermassen typisch für einen spontanen Austritt, auch wenn er einige ungewöhnliche Merkmale aufweist, die einer Narkose zuzuschreiben sind, ist der folgende, der in 1894 in der theosophischen Zeitschrift *Lucifer* beschrieben wurde:

Am Montag hat man mir unter Einwirkung von Lachgas einen Zahn gezogen, und während ich mich unter dem Einfluss des Gases befand, hatte ich ein sehr aussergewöhnliches Erlebnis. Nach der anfänglichen Bewusstlosigkeit stellte ich fest, dass ich mich nicht länger auf der physischen Ebene befand; mein Körper und alle anderen physischen Gegenstände schienen verschwunden zu sein. In jeder Richtung erstreckte sich eine dunkelblaue Kuppel, etwa wie der Himmel in einer Sommernacht. Ich schien *keine Form aufzuweisen,* doch umgab mein formloses Ich ein sanftes weisses Licht, das wie eine Art formloser Körper für mich war, und aus ihm trat, was ich nur ein leuchtendes «Kabel» nennen kann, von dem ich wusste, dass es mit meinem eigentlichen Körper verbunden war. In meiner Nähe, beinahe mit mir in Kontakt, befand sich ein weiterer formloser Körper aus diesem sanften weissen Licht, und er leuchtete mit genau derselben Intensität. Ein gutes Stück weiter weg waren andere weisse Lichter, viel weniger hell als meines und das neben mir, die sich so weit erstreckten, wie ich blicken konnte.

Während dieser Zeit konnte ich wirklich verstehen, was es heisst, formlos zu sein und doch seine Individualität beizubehalten, und ich sagte zu mir selbst: «Natürlich können formlose Wesen existieren. Wie wunderlich, es nicht früher verstanden zu haben. Ich erinnere mich an alles.» Doch wusste ich, dass meine Fähigkeit, den formlosen Zustand zu verstehen, davon abhing, dass ich mich ausserhalb meines Körpers befand, und dass ich, wenn ich mich wieder in meinem Körper befand, diesen Zustand nicht mehr verstehen würde.

Dann hob eine Stimme zu sprechen an. Ich kann mich nicht an die genauen Worte erinnern, doch lauteten sie etwa so: «Wisse, dass es formlose Wesen gibt, und da du dem Gesetz gehorcht hast und mit einem Körper versehen worden bist, der materiell und stumpf ist und alle Dinge stark behindert, kannst du jetzt verstehen, dass du den grossen Lehren nie mehr misstrauen oder dazu neigen sollst, nicht an Zustände zu glauben, die dir in deinem Körper unverständlich sind.»

Dann spürte ich Bewegungen entlang des «Drahts», der mich mit meinem Körper verband, und ich wusste, dass ich zu ihm zurückkehrte. Ich schien spiralförmig in meinen Körper hinabzusteigen, und dieser Prozess der Rückkehr war äusserst unangenehm. Ich *wollte* nicht mehr zurückkehren. Als ich aufwachte, waren meine ersten Worte: «Was für ein schreckliches Gefühl.» Und dabei dachte ich an die Rückkehr und nicht an den Zahn, von dem ich nichts gemerkt hatte.

Beispiel Nr. 5: Dr. Wiltse

Einer der vielleicht berühmtesten Fälle des spontanen Körperaustritts betrifft Dr. Wiltse. Dieser Fall wurde erstmals im November des Jahres 1899 im *St. Louis Medical and Surgical Journal* veröffentlicht, auch wurde er im dritten Band der *Proceedings* der Society for Psychical Research wie auch in Myers *Human Personality and its Survival of Bodily Death* (Band II, Seiten 315—322) angeführt. Hier Dr. Wiltses Beschreibung dessen, was ihm widerfuhr, als er, ohne es zu wollen, seinen Körper verliess:

> Mit allem Interesse eines Arztes nahm ich die Wunder meiner Anatomie wahr, mit der ich, die lebende Seele dieses toten Körpers, auf intimste Weise, ja gar Gewebe mit Gewebe verbunden war... Ich sah dem interessanten Prozess der Trennung von Körper und Seele zu. Durch irgendeine Macht, offenbar nicht meine eigene, wurde das Ego buchstäblich hin- und hergeschüttelt, durch welchen Prozess seine Verbindungen mit den Körpergeweben auf-

gelockert wurde. Nach einer Weile hörte diese letzte Bewegung auf, und entlang der Fusssohlen, angefangen bei den Zehen und schnell die Absätze erreichend, fühlte und hörte ich das, was mir wie das Reissen von unzähligen kleinen Schnüren vorkam. Als dies geschehen war, fing ich, bei den Füssen beginnend langsam an, mich zurückzuziehen, dem Kopf entgegen, wie sich eine elastische Schnur zusammenzieht... Indem ich aus dem Kopf hinaustrat, floss ich hin und her und nach oben und unten, wie eine an einem Pfeifenkopf hängende Seifenblase, bis ich mich letzten Endes vom Körper absetzte und leicht auf den Boden glitt, wo ich langsam aufstand und mich zur vollen menschlichen Grösse ausdehnte. Ich schien durchsichtig, von bläulicher Farbe und völlig nackt zu sein.

Dr. Wiltse richtete sein Augenmerk dann auf das Bett und sah seinen eigenen «toten» Körper genau so dort liegen, wie er sich bemüht hatte, ihn hinzubetten, leicht auf die rechte Seite gedreht, die Füsse beieinander und die Hände über der Brust gefaltet. Wie er ihn so liegen sah, war er über die Bleichheit des Gesichts erstaunt.

Was aus Dr. Wiltses Bericht hervorgeht, ist, dass der Prozess des Körperaustritts nie für alle derselbe ist. Es fällt einem ebenfalls die Klarheit der Einzelheiten auf, wie das «Reissen von unzähligen kleinen Schnüren». Diese Art von Details scheinen das Gefühl zu bestätigen, dass eine wirkliche Erfahrung beschrieben wird und nicht bloss ein lebhafter Traum.

Beispiel Nr. 6: Die Wirklichkeit der Astralwelt

Es gibt eine Anzahl Fälle, in denen Menschen Träume teilen, die später bis ins letzte Detail erinnert werden. Solche Fälle scheinen die Wahrscheinlichkeit einer Astralwelt, die mit der unseren verwoben ist und der vom Astralkörper während des Schlafs erreicht werden kann, zu bestätigen. Die Tatsache, dass zwei oder mehr Personen dieselbe Astralerfahrung zur selben Zeit teilen können, lässt sich durch Telepathie erklären, einer heute anerkannten Tatsache. Hier geht es um den folgenden, bemerkenswerten Fall, erzählt von Professor Hornell Hart. Er betrifft einen amerikanischen Rechtsanwalt, Henry Armitt Brown:

> Im Herbst des Jahres 1865..., als ich in New York Jura studierte, zog ich mich eines kalten und unruhigen Abends etwa um Mitternacht in mein Zimmer zurück. Ich kann mich deutlich daran erinnern, die Uhr Mitternacht schlagen gehört zu haben, als... mich Schläfrigkeit übermannte und ich einschlief. Ich hatte das Bewusstsein kaum verloren, als ich laute und konfuse Geräusche zu hören schien und ein erstickendes Gefühl in meiner Kehle empfand, wie wenn ich von einer starken Hand gepackt würde. Ich erwachte (wie es schien) und fand mich auf den Pflastersteinen einer engen Strasse liegen, wo ich mich unter dem Griff eines unbedarften, dicken Mannes mit ungekämmtem Haar und einem grauen Bart wälzte, der mich mit einer Hand an der Kehle festhielt, während er mit der anderen meine beiden Pulse umklammerte und sich mit seinem ganzen Gewicht auf mich warf, um mich am Boden zu halten... Wieder und wieder rollten wir über die Steine... Nun sah ich ihn mit seiner Hand nach einem leuchtenden Beil langen... Ich kämpfte ein letztes Mal wie wild um mein Leben, und als ich ihn einen Augenblick lang ausser Gefecht gesetzt hatte, sah ich mit einer unbeschreibbaren Freude, die ich nie vergessen werde, die entsetzten Gesichter von Freunden, die mir mit Stecken zur Hilfe eilten. Als der vorderste von ihnen auf den Rücken meines Aggressors zusprang, entwand er mir seine Faust. Ich sah das Beil über meinem Kopf blitzen

und fühlte alsbald einen dumpfen Schlag auf meiner Stirn. Ich fiel auf den Boden zurück, und ein dumpfes Gefühl breitete sich von meinem Kopf über meinen ganzen Körper aus, eine warme Flüssigkeit lief an meinem Gesicht hinunter und in meinen Mund, und ich erinnere mich an den Geschmack von Blut.

Dann dachte ich, dass ich etwa einen Meter über meinem Kopf in der Luft hing, ich konnte mich wie in einem Spiegel sehen, auf dem Rücken liegend, mit dem Beil in meinem Kopf... Ich hörte das Weinen meiner Freunde, zuerst laut, dann immer leiser... Mit einem Ruck wachte ich auf... Meine Uhr zeigte mir, dass ich nicht länger als eine halbe Stunde geschlafen hatte.

Früh am nächsten Morgen traf ich mich mit einem guten Freund, mit dem ich viel Zeit verbracht hatte... Plötzlich unterbrach er mich mit der Bemerkung, dass er in der vergangenen Nacht eigenartig von mir geträumt habe... «Ich schlief etwa um Mitternacht ein», sagte er, «und träumte augenblicklich, dass ich durch eine schmale Strasse ging, als ich Lärm und ein Mordsgeschrei hörte. Als ich in Richtung dieser Geräusche eilte, sah ich dich auf dem Rücken am Boden liegen mit einem rohen Kerl kämpfen, der dich niederdrückte. Ich rannte auf dich zu, doch als ich meine Hand ausstreckte, schlug er dir mit einem Beil auf den Kopf und tötete dich auf der Stelle. Viele deiner Freunde waren dort und weinten bitterlich...»

«Was für ein Mann war das?» fragte ich. «Ein untersetzter Mann mit einem Flanellhemd und mit Drillichhosen; sein Haar war ungekämmt, und sein Bart war grau und ein paar Tage alt.»

Während derselben Woche war ich in Burlington, New Jersey, wo ich einen Freund besuchte. «Mein Mann», sagte seine Frau zu mir, «hat vor ein paar Nächten schrecklich von dir geträumt. Er träumte, dass ein Mann dich auf offener Strasse tötete. Er rannte los, um dir zu helfen, doch bevor er dich erreichen konnte, hatte dein Feind dich mit einem dicken Stock getötet.»

«Nein, nein», schrie ihr Mann durchs Zimmer, «er tötete dich mit einem Beil...»

Hier zeigt sich die Wirklichkeit des Erlebnisses auf dramatische Weise. Es scheint keinen erklärbaren Grund für den «Traum» zu geben (man fragt sich, welche Rolle die Wetterverhältnisse spielen, um einen Übergang in die Astralwelt zu erleichtern: Diese bestimmte Nacht war «kalt und unruhig»?) noch für die Mechanismen, die die telepathische Verbindung zwischen diesen drei Freunden herstellten. Doch scheinen wir annehmen zu dürfen, dass es diese Art von Erfahrungen gibt, dass sie echt sind, doch auf einer anderen Ebene stattfinden. Auffallend ist auch die Synchronizität — der «Mord» fand in Browns Traum um Mitternacht statt, während sein erster Freund «gegen zwölf» einschlief und sofort in diesen Astraltraum eintauchte. Doch warum und wie solche Dinge stattfinden, scheint sich zur Zeit jeder Vermutung zu entziehen.

Beispiel Nr. 7: Frl. Moberly und Frl. Jourdain

Auch wenn es sich hier nicht um einen eigentlichen Fall von Astralprojektion handelt, ist das Erlebnis von C. A. E. Moberly, Direktorin von St. Hughs Hall, Oxford, und E. F. Jourdain, ihrer Stellvertreterin, der Mühe wert, erzählt zu werden, um aufzuzeigen, wie eine Dimension, die sich von der, in der wir normalerweise leben, unterscheidet, sich in manchen Punkten mit der decken kann, die wir Gegenwart nennen.

Die Erklärung scheint zu sein, dass die zwei Damen die Erinnerungen Marie Antoinettes teilten, als diese am 10. August 1792 von der Legislativen Versammlung in der Manège zu Paris gefangengehalten wurde und sich unter grosser Pein und Leiden an den Ort zurücksehnte, den sie so sehr liebte, den Petit Trianon in Versailles. Die Umstände waren so, dass sie eine Art Körperaustritt hervorbrachten, wie später noch erklärt werden wird. Jedenfalls erlaubten sie eine lebhafte Rekonstruktion von Marie Antoinettes letzten Stunden im Trianon, die weiterhin und durch die Zeit hindurch überzeugt.

An einem Augustnachmittag des Jahres 1901 beschlossen Frl. Moberly und Frl. Jourdain, nachdem sie einige Tage in Paris gewesen waren, Versailles zu besuchen. Sie gingen im Palast umher und waren interessiert, aber nicht übermässig begeistert, als Frl. Moberly vorschlug, sie möchten den kleinen «Bauernhof» besuchen, wo Marie Antoinette sich zu vergnügen pflegte, eben das Petit Trianon. Es war die ganze Woche sehr heiss gewesen, doch an diesem Tag war der Himmel bewölkt, und es wehte ein heftiger Wind.

Indem sie ihre Karte konsultierten, fanden die Damen die allgemeine Richtung des Petit Trianon und machten sich vom Hauptpalast aus auf den Weg dorthin, als sie bei einer breiten, grünen Allee ankamen, die völlig menschenleer war. Diese Allee würde sie tatsächlich zum Petit Trianon geführt haben, doch statt ihr zu folgen, überquerten sie sie, um in einen Weg vor ihnen einzubiegen. Frl. Moberly war überrascht, weil ihre Freundin eine Frau, die ein weisses Tuch aus einem Fenster eines Gebäudes an der Ecke der Allee ausschüttete, nicht um Auskunft bat, doch nahm sie an, Frl. Jourdain werde schon wissen, wohin sie gehe.

Sie gingen weiter, bis sie zu einer Abzweigung kamen, wo sich drei Pfade trennten. Da sie nicht wussten, welchen der drei nehmen, beschlossen sie, zwei Männer, die sie auf dem mittleren Pfad sahen, nach dem Weg zu fragen. Später nannten sie diese zwei Gärtner, denn sie erinnerten sich an einen Schubkarren in ihrer Nähe und an etwas, das ein spitzer Spaten gewesen sein konnte; doch waren es wirklich vornehme Beamte, gekleidet in langen, grünlichen Mänteln und mit kleinen, dreieckigen Hüten. Diese Männer wiesen sie an, geradeaus zu gehen. Eine Bemerkung in der Ausgabe von 1924 von *An Adventure,* dem Buch, worin die Erlebnisse von Frl. Moberly und Frl. Jourdain veröffentlicht wurden, erläutert, dass einer der Männer älter als der andere schien und dass beide «sehr ernst» waren.

Der Mann entschloss, dass die beiden Damen sich nach rechts wenden sollten, was Frl. Moberlys Wünschen entgegenkam. Sie schaute einen Augenblick zur Seite, als sie sich dann aber umdrehte, um sich bei dem Herrn zu bedanken, war dieser verschwunden.

Schlussendlich erreichten sie das Petit Trianon. Unter der Terrasse sah Frl. Moberly eine Dame. Sie sass und hielt ein Blatt Papier vor sich hin. Sie trug einen radförmigen, weissen Hut, der auf einem ziemlichen Schopf blonden Haars ruhte. Frl. Moberly nahm an, dass es sich um eine Touristin handelte, auch wenn ihr Kleid altmodisch und «eher ungewöhnlich» schien. Es muss betont werden, dass Frl. Jourdain nichts von alledem wahrnahm, auch wenn sie nahe an der Dame vorbeigingen. Später erinnerte sie sich, ihren Rock zurückgezogen zu haben, «wie wenn jemand da wäre, für den ich Platz zu machen hatte». Frl. Moberly aber schaute die Dame geradewegs an, doch ein «unbeschreibbares Gefühl» liess sie ihr Gesicht abwenden, wobei sie sich von der Anwesenheit der Dame irritiert fühlte.

Dann stiegen sie die Terrasse hoch. Frl. Moberly fühlte sich dabei, als würden sie sich in einem Traum fortbewegen — «die Ruhe und Bedrohlichkeit waren so unnatürlich». Sie trafen noch eine weitere Person dort an, einen jungen Mann mit dem kecken Gehabe eines Lakais, doch ohne Livree, der plötzlich, eine Türe hinter sich zuschlagend, auf die Terrasse trat und den beiden den Weg ins Innere des Hauses zeigte.

Dies waren die hauptsächlichen Einzelheiten der Erzählung.

Von diesem Punkt an überkam Frl. Moberly eine ausserordentliche Depression, die sich zusehends vertiefte. Es schien keinerlei Grund dafür zu geben, doch das Gefühl nahm «ganz überwältigende» Dimensionen an, als sie dort ankamen, wo der Pfad endete, um von beiden Seiten her von einem neuen durchkreuzt zu werden. Vor ihnen befand sich ein kleiner Pavillon, der wie ein kleines Orchesterpodium aussah und neben dem ein Mann sass: «Alles sah plötzlich völlig unnatürlich und deshalb unangenehm aus, sogar die Bäume hinter dem Gebäude schienen flach und leblos geworden zu sein, *wie ein auf einem Wandteppich dargestellter Wald.* Es gab kein Licht und kein Schattenspiel, und kein Wind bewegte die Blätter.»[5]

Der Mann trug einen Umhang und einen grossen, breitkrempigen Hut. Sein Gesicht wurde von Frl. Moberly als «äusserst abstossend und von abscheulichem Ausdruck» beschrieben. Sie fragte Frl. Jourdain, in welche Richtung sie gehen wollten, auch wenn sie selbst das Gefühl hatte, nichts würde sie dazu bringen können, den Weg zu ihrer Linken einzuschlagen.

In diesem Moment hörten sie, wie jemand von hinten auf sie zurannte. Dieser erwies sich als «ein wahrer Gentleman»; er war «gross, mit grossen, dunklen Augen und schwarzem, welligen Haar unter dem sombreroartigen Hut». Frl. Jourdain erinnerte sich, dass er Schnallenschuhe trug. Er war sehr aufgeregt und rief: «Mesdames, Mesdames» (was er vielleicht eher als «Madame» aussprach), «il ne faut (ausgesprochen als fout) pas aller par là.» Dann streckte er einen Arm aus und sagte mit grosser Lebhaftigkeit: «Par ici, cherchez la maison.» Frl. Moberly als auch Frl. Jourdain hatten das Gefühl, dass es im Petit Trianon spuke, und Frl. Jourdain gestand später, während gewisser Momente ihres Spaziergangs ebenfalls ein Gefühl der Angst und Depression empfunden zu haben.

Während den darauffolgenden Jahren fingen sie an, eine mögliche Erklärung für ihr Erlebnis zusammenzutragen. Am 10. August 1792 wurden die Tuilerien von einer revolutionären Menge heimgesucht. Die königliche Familie floh am frühen Morgen in den Versammlungssaal, wo sie während vieler Stunden eingeschlossen blieb und den Lärm des Mobs wie auch das Massaker an ihren Bediensteten und Wachen hören konnten. Es schien Frl. Moberly und Frl. Jourdain, als seien sie unverhofft in einem Erinnerungsausschnitt der Königin gelandet, was das Gefühl des Eingeschlossenseins und die Beklemmung erklären würde: «Was wäre wahrscheinlicher», dachten sie, «als dass sie während jenen Stunden im Versammlungssaal oder in der Conciergerie sich in solch lebhafter Erinnerung an andere Auguste ergangen wäre, die sie im Trianon erlebt hatte, dass ein Eindruck davon sich auf diesen Ort übertragen hatte?»[6]

Spätere Nachforschungen ergaben, wenigstens zu ihrer Zufriedenheit, die mögliche Identität der Leute, die sie angetroffen hatten: der Comte de Vaudreuil, ein durch Pocken gezeichneter Kreole aus dem innersten Kreis der Freunde der Königin, der die Rolle des Feindes gespielt hatte, indem er den König dazu überredet hatte zu erlauben, das politisch gefährliche Theaterstück *Le Mariage de Figaro* aufzuführen, war der Mann beim Pavillon. Der rennende Mann war ein Botschafter, der zum Trianon gesandt worden war, um die Königin vor dem sich nähernden Pariser Mob zu warnen. Die zwei «Gärtner» waren die *garçons jardiniers de la Chambre:* Am 5. Oktober 1789 hielten zwei der drei Bersy-Brüder Wache, die, zusammen mit einem gewissen Breval, meistens dann Dienst hatten, wenn sich die Königin im Trianon aufhielt. Die Dame auf der Terrasse war natürlich Marie-Antoinette selbst.

Der Fall Moberly—Jourdain ist, wie Lucille Iremonger in ihrem Buch *The Ghosts of Versailles* aufzeigt, nicht so eindeutig, wie die Berichte in *An Adventure* den Leser vermuten lassen. Die Society for Psychical Research hielt wenig von dem Fall, als er ihnen erstmals zu Ohren kam, und die ganze Frage der dokumentarischen Beweise, auf denen *An Adventure* beruht, geht von komplexen und aus der Sicht der Beweisführung unzulänglichen Tatsachen aus.

Und doch hat niemand je behauptet, Frl. Moberly und Frl. Jourdain würden uns auf literarischem Weg an der Nase herumführen; und auch wenn beider Vorgeschichte manche Ungereimtheit ihres Abenteuers erklärt, besteht kein Zweifel an ihrer grundsätzlichen Integrität. Sie glaubten eindeutig, daß *etwas* in Versailles geschehen war, das nicht normal war. Der Skeptiker wird es nicht schwierig finden, ihre Behauptungen zunichte zu machen; doch bedenkt man ihre Zuverlässigkeit, was *könnte* denn wirklich geschehen sein?

Für jene mit einer etwas offeneren Haltung und in Anbetracht anderer, besser belegter Fälle dieser Art ist es möglich, den Fall Moberly—Jourdain als ein Eindringen der Astralwelt in das Bewusstsein zweier sensibler Jungfern aus Oxford zu sehen. Die Damen selbst dachten, sie seien in einem «Erinnerungsausschnitt» gefangen worden, durch den Marie-Antoinette, selbst unter der Hitze eines unerträglich heissen Nachmittags leidend, ihren Geist zurück zum Petit Trianon und dessen Gärten wandern liess: «Ach könnte sie nur an diesen geliebten Ort zurückeilen, weg von diesem schrecklichen Blutgeruch, welches Glück hätte das für ihre gebrochenen Sinne bedeutet!»[7]

Wir haben bereits gesehen, wie der Wunsch ein mächtiger Faktor im Herbeiführen von Körperaustritten ist. Es ist denkbar, dass die Astralwelt den Eindruck aller Begebenheiten enthält und dass die Königin sich in diesem durch ihre schreckliche Lage hervorgerufenen Wunschtraum in eben diese Astralebene projizierte und ihre letzten Augenblicke im Trianon wiedererlebte. Es ist ebenfalls möglich, dass sowohl Frl. Moberly als auch Frl. Jourdain, auch wenn sie angaben, sehr empfänglich für übersinnliche Phänomene zu sein, einen unbewussten Wunsch bildeten, die Wirklichkeit von Versailles und dem Petit Trianon so zu erleben, wie sie hundert Jahre zuvor gewesen war und dass dies sie irgendwie in dieselbe astrale Ebene führte, wie die von Marie-Antoinettes «Erinnerung».

Beispiel Nr. 8: W. E. McBride

Manchmal lösen Sorge oder Angst den Wunsch zum Körperaustritt aus. Das Bedürfnis, sich in der Nähe eines geliebten Menschen aufzuhalten, von dem man das Gefühl hat, er würde sich in Not oder in einer misslichen Lage befinden, ist oft so stark, dass es einen Körperaustritt herbeiführt. Der Fall von Walter E. McBride ist ein Beispiel dafür.

Kurz vor Weihnachten 1935 fing Walter McBride, ein unverheirateter Bauer aus Indian Springs, Indiana, an, sich Sorgen über den Gesundheitszustand seines Vaters zu machen, der nur wenige Meilen entfernt von ihm wohnte, obwohl dazu überhaupt kein Anlass bestand. Er begab sich um etwa acht Uhr zu Bett und fühlte sich bald danach durch den Raum fliessen, in einem weisslichen Licht, das keine Schatten warf. Er hatte in diesem Augenblick das Gefühl, völlig wach zu sein, und nachdem er sich aufwärts bewegt hatte, drehte er sich, bis er aufrecht stand und seinen Körper deutlich auf dem Bett liegen sah.

Er fuhr fort, aufwärts zu schweben, durch die feste Materie des Gebäudes hindurch und realisierte dann, dass er sich in nördlicher Richtung, dem Haus seines Vaters zu, bewegte. Er drang durch die Wände des väterlichen Hauses und stand am Fussende von dessen Bett, in dem sein Vater zurückgelehnt sass. Sein Vater schaute erstaunt auf die Erscheinung seine Sohnes, doch schien er nichts zu hören, als McBride sprach. McBride realisierte darauf, dass es seinem Vater gut ging, worauf er feststellte, daß er wieder in sein Schlafzimmer zurückreiste. Er sah seinen Körper ein zweites Mal auf dem Bett liegen, wo er ihn hinterlassen hatte. Als er wieder in seinen Körper zurückgekehrt war, fühlte er sich sofort bei Sinnen und verspürte keinerlei Benommenheit.

Dann stand er auf und schrieb sein Erlebnis nieder, das er mit 23. Dezember 1935 datierte. Zwei Tage später, am Weihnachtsabend, besuchte er seinen Vater, der bestätigte, eine Erscheinung McBrides am Fussende seines Betts gesehen zu haben. Auch der Vater hatte einen Bericht der Begebenheit verfasst und Datum und Stunde vermerkt, die beide mit den Angaben des Sohnes übereinstimmten.[8]

Einzelne und wiederholte Austritte

Nach den von Celia Green am Institut für Psychophysische Forschung in Oxford unternommenen Studien erleben die meisten Menschen, die von einem Körperaustritt berichten, diesen nur ein einziges Mal. Diese Fälle nennt Celia Green «Einzelfälle», und sie betreffen mehr als sechzig Prozent ihrer Versuchspersonen. Die Anzahl, die zwei, drei, vier oder mehr solcher Erfahrungen machte, fällt sehr stark ab, doch eigenartigerweise steigt die Zahl derer, die mehr als sechs Körperaustritte erlebten, wieder auf über zwanzig Prozent an. Der Grund dafür scheint mit der Fähigkeit, den Körper reisen zu lassen, zusammenzuhängen oder wenigstens damit, eine gewisse Kontrolle über jene Austritte zu haben, die spontan auftreten.

Es ist nützlich, sich Celia Greens Terminologie zu vergegenwärtigen: der Körperaustritt, die Astralprojektion wird von ihr als «eksomatische» Erfahrung bezeichnet. Bei diesen gibt es zwei Unterscheidungen: eine «parasomatische» Erfahrung ist eine, «in der der Betreffende sich mit einer scheinbar himmlischen Wesenheit verbunden fühlt, zu der er die gleiche Beziehung zu unterhalten meint wie im Normalzustand, wenn er sich innerhalb seines Körpers befindet». Eine «asomatische» Erfahrung ist ein eksomatischer Zustand, «in welchem der Betreffende sich vorübergehend nicht darüber bewusst ist, mit irgendeinem Körper oder räumlicher Wesenheit in Kontakt zu sein».[9]

Es ist interessant, dass aus Celia Greens Untersuchungen hervorgeht, dass asomatische Erfahrungen viel häufiger auftreten denn parasomatische.

Der jüngste Astralreisende?

Körperaustritte können jedem passieren, ganz gleich wie alt er ist, auch wenn die Wahrscheinlichkeit für einen einzelnen Austritt für die Altersstufe zwischen fünfzehn und fünfunddreissig spricht. Mehrfache Körperaustritte finden jedoch oft in der Kindheit statt, wonach sich diese Fähigkeit verliert.

Das früheste Alter, bei dem eine eksomatische Erfahrung festgestellt wurde, wird von Celia Green mit achtzehn Monaten angegeben. Ein weiterer Fall von einem Kind drehte sich um ziemliche grundlegende Fragen zur Struktur der persönlichen Identität, d. h. Fragen wie «Wer bin ich?» oder «Was bin ich?», die zu einer Trennung vom Körper führten.

Beispiel Nr. 9: Übermittlungen von Sinneseindrücken

Sylvan Muldoon berichtet von einem interessanten Experiment, das aufzeigte, wie der Astralkörper «fühlt». Muldoon wollte herausfinden, ob sein Hund Jack seinen Astralkörper sehen konnte. Er liess Jack in seinem Zimmer schlafen und trat aus seinem Körper aus. Einige Nächte lang schlief Jack zu fest, um durch die Anwesenheit von Muldoons Astralkörper geweckt zu werden, doch eines Nachts wachte der Hund zufällig auf, als Muldoon seinen Körper verliess. Jack stand vor dem Bett und schaute sich Muldoons schlafenden Körper an, als schien er darauf zu warten, auf das Bett eingeladen zu werden.

Der Hund schien Muldoons Astralkörper nicht wahrzunehmen, obwohl Muldoon ihn mit verschiedenen Bewegungen zu sich rief. Jack schaute weiterhin auf den physischen Körper, obwohl er einmal den Kopf hob und in Richtung des Fantoms schnupperte.

Schlussendlich sprang Jack aufs Bett und schmiegte sich an Muldoons Körper, und indem er dies tat, geschah etwas Eigenartiges: «Als das Gewicht des Hundes auf dem Bett landete, wurde der Körper darauf von den Bewegungen der Bettfederung leicht auf- und abgewiegt, und der Astralkörper in der Luft bewegte sich in genau demselben Moment ebenfalls leicht auf und ab, auch wenn sich dieser in einer vertikalen, der physische sich aber in einer horizontalen Stellung befand.»[10]

Noch eigenartiger war aber, dass Muldoon das Gefühl hatte, als würde sich ebenfalls etwas an die Seite seines Astralkörpers schmiegen, und er spürte Jacks Gewicht so lange, bis er wieder bei normalem Bewusstsein war. Muldoons Erklärung bestand darin, dass der Tastsinn so lange über eine «Kraftlinie» an den Astralkörper übermittelt wird, wie dieser im Bereich der «Schnur-Aktivität» bleibt.

Man könnte noch viele solcher und anderer Beispiele anführen und weitere Zeugen zu Wort kommen lassen. Viele Körperaustritte sind schriftlich belegt worden durch Hunderte von ganz gewöhnlichen Leuten, die sich ohne ersichtlichen Grund ausserhalb ihres Körpers wiederfanden, während es eine ähnliche Fülle von Informationen über jene gibt, die sich bewusst und gezielt daran machten, das astrale Doppel vom Körper zu trennen.

Das Quellenmaterial für eine umfangreiche Studie des Themas ist entsprechend reichhaltig und wächst stetig an.

Die kumulative Wirkung der veröffentlichten Zeugenberichte spricht auf überwältigende Weise für eine nichtmaterielle, sogar nichtpsychologische Theorie zur Erklärung für deren Auftreten. Nur der eingefleischte Skeptiker kann kategorisch behaupten, alle diese Erfahrungen seien halluzinatorisch oder die Auswüchse eines kranken Geistes. Es scheint viel wahrscheinlicher, dass die vom Heiligen Paulus eindeutig bestätigten, überlieferten Lehren recht hatten: Dass es innerhalb unseres Körpers einen zweiten gibt, ein subtiles Gefährt, in welchem unser essentielles Bewusstsein, das wirkliche «Ich» wohnt.

Was diese Hypothese für die Frage des Glaubens an ein Leben nach dem Tode bedeutet, ist noch umwerfender, entzieht sich jedoch dem Bereich dieses Buchs. Ich kann zum Abschluss keine besseren Worte als die von Professor Hornell Hart finden:

> Egal wie überzeugt ich als Autor dieses Buchs nach dem Sichten der Tatsachen beider Seiten der Überlebensfrage sein mag, meine eigenen Schlussfolgerungen sind nicht das wirklich wichtige Resultat. Um ganz ehrlich zu sein, geht es mir nicht in *erster* Linie darum, Sie von meiner Meinung zu überzeugen. Weit wichtiger scheint, Sie letzten Endes dazu anzuregen, die von mir vorgebrachten Beweise gegeneinander aufzuwiegen und aufrichtig danach zu trachten, sich von bestehenden Vorurteilen zu befreien, damit Sie Ihre Schlüsse im Licht der eigentlichen Beweise ziehen können. *Sie* sind die Jury.[11]

Anmerkungen

Die Theorie der Astralprojektion

1 John Davy: «The Evidence for Life After Life», *Observer Magazine,* 8. April 1979.
2 Dito.
3 J. G. Bennett: *Witness,* London 1974, S. 3—4.
4 Dito, S. 261.
5 William Kingsland: *Rational Mysticism,* London 1974, S. 323.
6 *Journal of the Society for Physic Research,* Bd. 50, Nr. 779, März 1979, S. 39.
7 Archie Matson: *The Waiting World,* London 1975, S. 14.
8 Muldoon und Carrington: *Die Aussendung des Astralkörpers,* Freiburg 1980, S. xv.
9 Dr. Robert Crookall: *More Astral Projections,* S. xv.
10 Carrington: *Your Psychic Powers and How to Develop Them,* S. 229—230.
11 Crookall, *More Astral Projections,* S. 1.
12 Dito, S. xvi.
13 Dito.
14 Zitiert in Crookall: *Techniques of Astral Projections,* S. 66.
15 G. N. M. Tyrell: *Erscheinungen und Visionen im PSI-Feld,* Olten 1979.
16 Celia Green: *Out-Of-The-Body-Experiences,* S. 41.

Das Doppel in der Geschichte

1 Hart: *The Enigma of Survival,* S. 207.
2 Zitiert von Ralph Shirley in: *The Mystery of the Human Double,* S. 10.
3 E. A. Wallis-Budge: *From Fetish to God in Ancient Egypt,* Oxford, 1934, XIV.
4 Catherine Crowe: *The Night-Side of Nature,* 1848, VIII.

Praktische Astralprojektion

[1] Walker: *Beyond the Body,* S. 101.
[2] Maitland: *Life of Anna Kingsford,* Bd. I, S. 240.
[3] Crookall: *Techniques of Astral Projection,* S. 47.
[4] Grant: *The Magical Review,* S. 93.
[5] Zitiert in Crookall: *Techniques of Astral Projection,* S. 29.
[6] Muldoon und Carrington: *Die Aussendung des Astralkörpers,* Freiburg, 1980, S. xxx

Einige Zeugenberichte

[1] *Occult Review,* Januar 1983, Seiten 31—2.
[2] Zitiert von Shirley in: *The Mystery of the Human Double,* S. 20.
[3] Muldoon und Carrington: *Die Aussendung des Astralkörpers,* Freiburg, 1981.
[4] Hart: *The Enigma of Survival,* Seiten 237—8.
[5] C.A.E. Moberly und E. F. Jourdain: *An Adventure,* London, 1955, S. 33.
[6] Dito, S. 44.
[7] Dito, Seiten 107—8.
[8] Hart: *The Enigma of Survival,* Seiten 159—160.
[9] Celia Green: *Out-Of-The-Body-Experiences,* S. 17.
[10] Muldoon und Carrington: *Die Aussendung des Astralkörpers,* S. xxx.
[11] Hart: *The Enigma of Survival,* S. 263.

Bibliografie

Barrett, William: *Deathbed Visions,* Methuen (1926).

Battersby, H. P.: *Man Outside Himself,* Rider (o. D.).

Besant, Annie: *Die Lehre des Wachstums,* Bd. II, München, 1981.

Brennan, J. H.: *Astral Doorways,* Acquarian Press, 1971.

Broad, C. D.: *Religion, Philosophy and Psychical Research,* Routledge and Kegan Paul, 1953.

Budge, E. A. Wallis: *The Egyptian Book of the Dead,* Routledge and Kegan Paul, 1950.

Carrington, Hereward: *Higher Psychical Development,* Aquarian Press, 1978.

—: *Your Psychic Powers and How To Develop Them,* Aquarian Press, 1976.

Crespigny, P. C. de: *This World — And Beyond,* Cassell, 1934.

Crookall, Robert: *The Study and Practice of Astral Projection,* Aquarian Press, 1961.

—: *The Techniques of Astral Projection,* Aquarian Press, 1964.

—: *More Astral Projections,* Aquarian Press, 1964.

—: *Psychic Breathing,* Aquarian Press, 1979.

Cummins, Geraldine: *Travellers in Eternity,* Psychic Press, 1948.

Eastmann, M.: «Out-of-the-body experiences», in *Proceedings of the Society for Psychical Research,* 53, Seiten 287—309.

Fodor, Nandor: *Encyclopedia of Psyhic Sciences,* University Books, 1966.

Fox, Oliver: *Astral Projection,* University Books, 1962.

Garrett, Eileen J.: *Adventures in the Supernormal,* 1949.

Gerhardie, William: *Resurrection,* Cassell, 1934.

Green, Celia: *Lucid Dreams,* Hamish Hamilton, 1968.

—: Out-Of-The-Body-Experiences, Hamish Hamilton, 1968.

—: *Apparitions,* Hamish Hamilton, 1975 (mit Charles McCreery).

Gurney, Edmund, Myers, F. W. H. und Podmore, Frank: *Phantasms of the Living,* 1887.

Hart, Hornell: *The Enigma of Survival: The Case For and Against an After Life,* Rider, 1959.
Kilner, Walter J.: *The Human Atmosphere,* Dutton, 1911.
King, Francis: *Astral Projection, Magic and Alchemy,* Spearman, 1971.
Larson, Caroline: *My Travels in the Spirit World,* 1927.
Leadbeater, C. W.: *Der sichtbare und unsichtbare Mensch* (vergriffen).
—: *Die Astralebene: Ihre Umgebung, Bewohner und Phänomene,* in: *Die Lehre des Wachstums,* Bd. I, München 1980.
Leonhard, Gladys: *My Life in Two Worlds,* Cassell, 1931.
Lodge, Oliver: *The Survival of Man,* 1919.
Maitland, Edward: *Life of Anna Kingsford* (2 Bände), Redway, 1896.
Mead, G. R. S.: *The Doctrine of the Subtle Body in Western Tradition,* Stuart and Watkins, 1967.
Monroe, Robert: *Der Mann mit den zwei Leben,* Interlaken, 1972.
Muldoon, Sylvan J.: *The Case for Astral Projection,* 1936.
—: *Die Aussendung des Astralkörpers* (mit Hereward Carrington), Freiburg, 1981.
Myers, F. M. H. *Human Personality and Its Survival of Bodily Death,* 1902.
Ophiel: *The Art and Practice of Astral Projection,* Samuel Weiser, 1961.
Oxenham, John: *Out of the Body,* Longmans Green, 1941.
Powell, A. E.: *The Astral Body and Other Astral Phenomena,* Theosophical Publishing House, 1927.
Shirley, Ralph: *The Mystery of the Human Double,* Rider, 1972.
Smith, Susy: *The Enigma of Out of the Body Travel,* Helix Press, 1965.
Swedenborg, Emanuel: *Das Geistige Tagebuch* (in Vorbereitung — S. W. Pfirsich).
Tymms, Ralph: *Doubles in Literary Psychology,* Bowes and Bowes, 1949.
Walker, Benjamin: *Beyond the Body,* Reoutledge and Kegan Paul, 1974.
«Yram»: *Practical Astral Projection,* Rider (o. D.).

Index